ブルーガイド
てくてく歩き 27

屋久島 奄美

目次 てくてく歩き —— 屋久島・奄美

ブルーガイド

Page Contents

4 目的地さくいん地図
6 生命が循環する屋久島
8 独特な自然と文化が残る奄美
10 ベストシーズンカレンダー

12 **旅の準備のアドバイス**
14 個別手配で旅の予約
18 屋久島へ
19 奄美群島へ
22 個別で申し込む宿泊予約
23 フリープラン型ツアーで旅の予約
24 レンタカー・駐車場事情
25 屋久島・奄美を旅する心構え
28 主な問い合わせ先

屋久島

30 地図／屋久島

32 **屋久島**
34 上手に旅するヒント
36 屋久島で快適に過ごそう
38 屋久杉観察の基礎知識
40 屋久島北部
44 白谷雲水峡を歩く
46 屋久島南部
48 屋久島の温泉
52 屋久島みやげ
54 お弁当案内
55 ネイチャーツアー
56 ヤクスギランドを歩く
58 はるかなる縄文杉への道
64 屋久島を彩る花々
66 雨の日でも屋久島を楽しむ
68 宿泊ガイド／屋久島
72 屋久島で登山を楽しむ

奄美群島

74 　地図／奄美大島

76 　**奄美大島**
78 　上手に旅するヒント
80 　大島北部
81 　奄美パークで自然と文化を知る
85 　名瀬
89 　鶏飯を味わう
90 　奄美の島唄
92 　大島中南部
96 　奄美みやげ
98 　体験＆ツアー
102 　奄美に生息する珍しい野生生物たち
104 　宿泊ガイド／奄美大島

107 　**加計呂麻島**

110 　**喜界島**

112 　**徳之島**

114 　**沖永良部島**

116 　**与論島**

118 　奄美黒糖焼酎に酔いしれる！
120 　奄美黒糖焼酎MAP

鹿児島

122 　**鹿児島**

126 　さくいん

てくちゃん
てくてく歩きシリーズの案内役を務めるシロアヒル。趣味は旅行。旅先でおいしいものを食べすぎてほぼ飛ぶことができなくなり、徒歩と公共交通機関を駆使して日本全国を気ままに旅している。

●宿の宿泊料金は、原則として、一番多いタイプの部屋を2名1室で利用した場合のひとりあたりの最低料金です。Ⓢ（シングル）、Ⓣ（ツイン）と表示されているものは、1室あたりの料金を示しています。
●各種料金については大人のものを載せています。
●店などの休みについては、原則として定休日を載せ、年末年始やお盆休みなどは省略してありますのでご注意ください。
●「食べる」のガイドでは、オーダーストップをOSと表記してあります。
●この本の各種データは2021年3月現在のものです。これらのデータは変動する可能性がありますので、ご承知おきください。

目的地 さくいん地図

1:39,000,000
0　　　　500km
N

北京
日本海
ソウル
東京
太平洋
伊豆諸島
鹿児島
上海
東シナ海
小笠原諸島
沖縄本島
宮古島
台湾
南大東島
石垣島

鹿児島空港 ✈

122 鹿児島 ●桜島 124
124 仙厳園
志布志 ●
指宿

西之表
種子島

30 屋久島 ● ✈

41　島の自然を満喫できるエリア・スポット
94　マリンリゾートが楽しめるエリア・スポット
46　ぜひ訪れたいエリア・スポット
40　この本で紹介しているエリア・スポット

鹿児島県

僧・俊寛の墓 110
74 奄美大島 ● ✈
✈ 喜界島 110

109 与路島 ● 加計呂麻島 107
請島 109

✈ 徳之島 112
犬田布岬 112

✈
沖永良部島 114
昇竜洞 114
田皆岬 114

✈ 与論島 116
百合ヶ浜 116
与論民俗村 116

本部 ●
沖縄本島　沖縄県

✈ 那覇

N
1:3,240,000
0　　　　100km

薩南諸島図

4

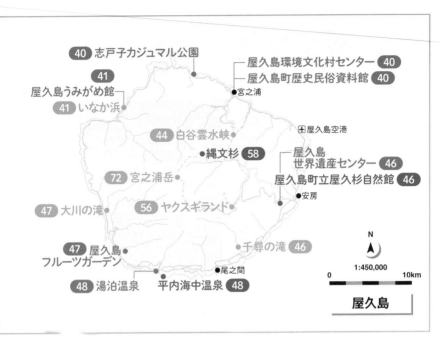

40 志戸子ガジュマル公園

屋久島環境文化村センター 40
屋久島町歴史民俗資料館 40
宮之浦

41
屋久島うみがめ館
41 いなか浜

屋久島空港

44 白谷雲水峡

縄文杉 58

屋久島
世界遺産センター 46
屋久島町立屋久杉自然館 46

72 宮之浦岳

安房

47 大川の滝

56 ヤクスギランド

47 屋久島
フルーツガーデン

千尋の滝 46

尾之間

N

1:450,000

0　　　　　10km

48 湯泊温泉　平内海中温泉 48

屋久島

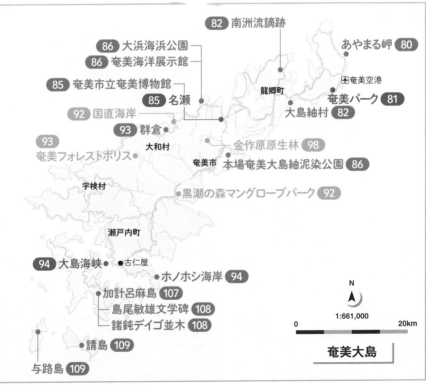

82 南洲流謫跡

86 大浜海浜公園
86 奄美海洋展示館

あやまる岬 80

85 奄美市立奄美博物館
85 名瀬

龍郷町

奄美空港

92 国直海岸

奄美パーク 81

93 群倉

大島紬村 82

93
奄美フォレストポリス

大和村

金作原原生林 98

宇検村

奄美市

本場奄美大島紬泥染公園 86

黒潮の森マングローブパーク 92

瀬戸内町

94 大島海峡　古仁屋

ホノホシ海岸 94

加計呂麻島 107

島尾敏雄文学碑 108

諸鈍デイゴ並木 108

N

1:661,000

0　　　　20km

請島 109

奄美大島

与路島 109

生命が循環する屋久島

屋久島は日本有数の多雨地帯。降り注がれた多量の雨は川となって森をめぐり、海へ流れ出る。それは太陽に照らされ、森が自ら発する水蒸気と伴い、再び天上へと帰る。この島には樹齢1000年を超える屋久杉が多数生育している。天災や枯死により、これらの巨木が命を終えるとき、これまで遮られていた箇所に、日光と雨が降り注ぎ、新たな種子が発育していく。水と森を中心に生命が循環していく島、それが屋久島だ。

縄文杉　じょうもんすぎ

島では樹齢1000年を超える杉を"屋久杉"と呼ぶ。その代表が推定樹齢2170年〜7200年とされている縄文杉。降雨量が多く水分には恵まれているが、花崗岩という栄養分の乏しい地盤で育つ屋久島の杉は、長時間をかけてゆっくりと生育する。降り注いだ雨は木々のみならず、島全体に潤いを与え、苔むす森のような幻想的な風景美を創り出している。

独特な自然と文化が残る奄美

奄美大島・龍郷湾
あまみおおしま・たつごうわん

　美しい海が随所で見られる奄美大島。長雲山系から望む龍郷湾は、奄美十景のひとつ。天気が良いと、海の色が鮮やかなコバルトブルーに輝く。

それぞれに個性豊かな8つの島々が点在する奄美群島の中で、最大の島が奄美大島だ。紺碧に輝く海や極彩色の草花など、島を取り巻く環境は亜熱帯の南国。滞在していると、時間が止まってしまったかのような錯覚にも陥る。

島の中央に広がる金作原原生林は太古の姿をとどめ、シダ類やヒカゲヘゴなどが繁茂する景色は、恐竜が生息していそうな雰囲気。生態系も特殊で、アマミノクロウサギやルリカケスなどといった珍しい生物が生息している。

また、油井の豊年踊りや諸鈍シバヤに代表される祭事や1300年の歴史がある大島紬など、昔ながらの習俗が今も残っているのもこのエリアの特色。哀愁を帯びた音色で歌われる島唄もまた然り。

独自の自然体系と文化の残る奄美。ここは海の彼方にある神々の住む楽園なのだ。

加計呂麻島 諸鈍シバヤ
かけろまじま
しょどんしばや

国の重要無形民俗文化財に指定されている諸鈍シバヤ。旧暦9月9日に加計呂麻島の諸鈍集落にある大屯神社にて開催される。壇ノ浦の戦いに敗れた平家の落人・平資盛一行が、島民との交流を深めるために演じたのが起源だと伝えられている。

ベストシーズンカレンダー

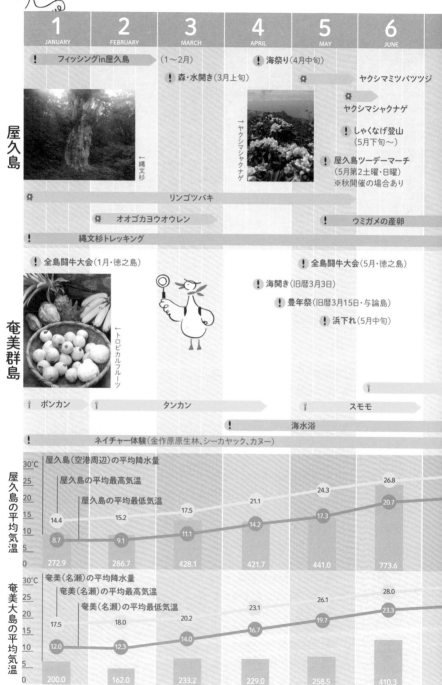

	1 JANUARY	2 FEBRUARY	3 MARCH	4 APRIL	5 MAY	6 JUNE

屋久島

❗ フィッシングin屋久島　（1〜2月）　　❗ 海祭り（4月中旬）

❗ 森・水開き（3月上旬）

✿ ヤクシマミツバツツジ

✿ ヤクシマシャクナゲ

❗ しゃくなげ登山（5月下旬〜）

❗ 屋久島ツーデーマーチ（5月第2土曜・日曜）※秋開催の場合あり

←縄文杉

→ヤクシマシャクナゲ

✿ リンゴツバキ

✿ オオゴカヨウオウレン

❗ ウミガメの産卵

❗ 縄文杉トレッキング

奄美群島

❗ 全島闘牛大会（1月・徳之島）　　　　　❗ 全島闘牛大会（5月・徳之島）

❗ 海開き（旧暦3月3日）

❗ 豊年祭（旧暦3月15日・与論島）

❗ 浜下れ（5月中旬）

←トロピカルフルーツ

🍴 ポンカン　　🍴 タンカン　　🍴 スモモ

❗ 海水浴

❗ ネイチャー体験（金作原生林、シーカヤック、カヌー）

屋久島の平均気温

屋久島（空港周辺）の平均降水量
屋久島の平均最高気温
屋久島の平均最低気温

	1月	2月	3月	4月	5月	6月
平均最高気温	14.4	15.2	17.5	21.1	24.3	26.8
平均最低気温	8.7	9.1	11.1	14.2	17.3	20.7
平均降水量	272.9	286.7	428.1	421.7	441.0	773.6

奄美大島の平均気温

奄美（名瀬）の平均降水量
奄美（名瀬）の平均最高気温
奄美（名瀬）の平均最低気温

	1月	2月	3月	4月	5月	6月
平均最高気温	17.5	18.0	20.2	23.1	26.1	28.0
平均最低気温	12.0	12.3	14.0	16.7	19.7	23.3
平均降水量	200.0	162.0	233.2	229.0	258.5	410.3

※イベント等の開催月日は変更になる場合があるので各HPなどで事前にご確認ください。

! 屋久島のイベント　❀ 屋久島の花　! 奄美大島のイベント　🍴 奄美大島のフルーツ

7 JULY	**8** AUGUST	**9** SEPTEMBER	**10** OCTOBER	**11** NOVEMBER	**12** DECEMBER

❀ ヤクシマシオガマ ➡

! やくしま森祭り(10月中旬～下旬)

! 尾之間温泉祭り

! 平内海中温泉祭り

! 海水浴　(7月～9月中旬)

! やくしま夏祭り(7月下旬～8月上旬)

! ウミガメの孵化　(7月～9月中旬)

! 屋久島ご神山祭り(8月上旬)

❀ ヤクシマリンドウ

❀ ヤクシマコオトギリ　　❀ ヤクシマダイモンジソウ　　❀ リンゴツバキ

(5月中旬～7月) ➡　益救神太鼓越年祭(12月31日) !

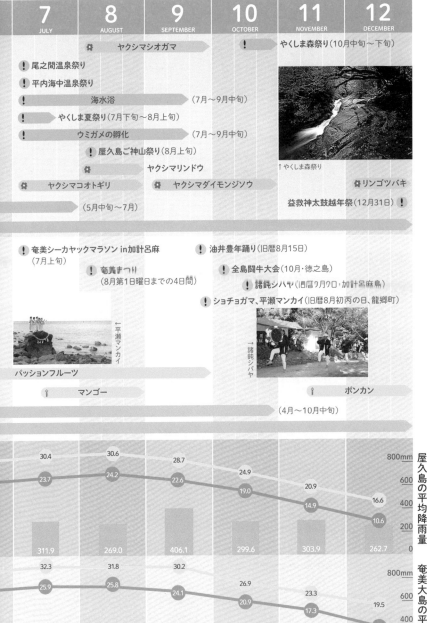

↑やくしま森祭り

! 奄美シーカヤックマラソン in 加計呂麻
(7月上旬)

! 油井豊年踊り(旧暦8月15日)

! 奄美まつり
(8月第1日曜日までの4日間)

! 全島闘牛大会(10月・徳之島)

! 諸鈍シバヤ(旧暦9月9日・加計呂麻島)

! ショチョガマ、平瀬マンカイ(旧暦8月初丙の日、龍郷町)

←平瀬マンカイ

→諸鈍シバヤ

パッションフルーツ

🍴 マンゴー　　　　　　　　　　　　🍴 ポンカン

(4月～10月中旬) ➡

屋久島の平均降雨量

30.4	30.6	28.7	24.9	20.9	16.6
23.7	24.2	22.6	19.0	14.9	10.6
311.9	269.0	406.1	299.6	303.9	262.7

800mm / 600 / 400 / 200 / 0

奄美大島の平均降雨量

32.3	31.8	30.2	26.9	23.3	19.5
25.9	25.8	24.1	20.9	17.3	13.7
202.4	268.2	302.7	234.5	180.0	156.9

800mm / 600 / 400 / 200 / 0

さぁ、屋久島へ！奄美へ！

旅の準備のアドバイス

クルマや鉄道ではアプローチできない屋久島や奄美群島。
空路か海路でたどることになるのだが、
まず旅行の第一歩は交通機関や宿の手配だ。

●旅の組み立ては情報収集から

旅をするにあたって、まずは交通手段や宿の手配をしなければならない。旅行代理店が主催するツアーを見ると、航空券とホテルのみがセットになったフリープラン型ツアーや、周遊観光がついたパッケージツアーがある。中でも屋久島や奄美大島の場合、大自然を歩くエコツアーなどに人気が集まっている。ツアーを利用すれば、飛行機や宿などを個人で予約する手間が省け、たいていは個人予約よりも安く旅することができる。

とはいえ、個人予約の場合も、航空券のバーゲン型割引などを利用したり、ツアーには設定されていないリーズナブルな宿を探して泊まったりすれば、安く旅することも可能だ。ガイドブックやインターネットで収集できる情報や、観光協会が発行するパンフレットなどを利用して自分だけの旅を組み立てるのも楽しい。

●自分の旅のスタイルを決めよう

旅のプランは、どれくらいの日程と予算を考えているかで大きく左右される。まず大切なのは、それらに合わせて自分がどのような旅をしたいのかを見極めることだ。

旅のプランによってこんなに料金が違う

屋久島に2名で2泊した場合の一例[JAL利用、屋久島グリーンホテル、2021年6月1日（火）に東京出発の1名料金]

〈フリープラン型ツアー〉
5万1000円（朝・夕食付）…JALダイナミックパッケージ【満喫九州洋室夕朝食付き】

〈工夫した個人予約〉
5万5090円…航空券は各種先得割引を利用、ホテルはインターネットで予約

〈正規料金で個人予約〉
10万690円…航空券は往復割引運賃を利用、ホテルは電話で予約

4〜5日以内で島を回りたいなら

往復交通費＋宿泊費がセットになった旅行会社のフリープラン型ツアーがお得。滞在日数は3〜4日に設定されたものが多いが、延泊可能なツアーもある。個人予約でも、割引率の高い航空券と安い宿を利用すればリーズナブルに旅ができる。

▼

個人予約（p.14）
宿泊（p.22）
フリープラン型ツアー（p.23）

6〜7日以上で長期滞在するなら

ロングステイで島を渡り歩きたい場合は、個人予約で手配しよう。航空券はなるべく事前購入で格安に。予算に合わせて電話やインターネットで予約しておこう。時間があるなら、島と島の移動には船を使うとよりリーズナブルに。

▼

個人予約（p.14）
宿泊（p.22）

リゾート気分を味わいたいなら

リゾートホテルを個人で予約すると割高になるケースが多い。フリープラン型ツアーを利用して、泊まりたいホテルをプランの中から選ぼう。オプショナルプランやレンタル商品の割引など、サービスが付く場合もあってお得。

▼

フリープラン型ツアー（p.23）

短期間で気軽に島を回りたいなら

短い時間で効率よく旅をするには、添乗員付きのパッケージツアーがおすすめ。屋久島の縄文杉や、奄美大島の金作原原生林など、路線バスだけではアクセスしづらいような観光スポットが組み込まれているプランもあって便利。

▼

添乗員付きのパッケージツアー

屋久島を回るには

アクティブに屋久島を楽しむ→2泊3日コース

　屋久島は最低でも2泊3日は滞在したい。ただ、島内で利用する交通手段によって、旅の行程が大きく左右されるので注意が必要。レンタカーや貸し切りタクシーなら効率よく主な観光スポットを回れるが、路線バスだけで旅すると行動範囲が限定される。

1日目　飛行機または船で到着後、ヤクスギランド、屋久杉自然館などへ。

2日目　早朝から縄文杉トレッキング。（登山口までのバスは12月〜2月運休）

3日目　大川の滝や温泉などをめぐり、午後の飛行機または船で帰途へ。

体力に自信がない人は
　路線バスでも入口までアクセスできる白谷雲水峡やヤクスギランドをゆっくり歩いてみよう。30分〜5時間コースがあり、屋久杉の魅力にふれることができる。

もっとじっくり回りたい人は…
　4泊5日ぐらいあれば、島内の主要観光スポットを回れる。よりアクティブに行動するなら、カヌーツーリングなど各種ネイチャーツアーにも参加して、屋久島の大自然を堪能したい。

奄美大島を回るには

奄美大島をひと通り回る→3泊4日コース

　レンタカーで回る場合でも、各種ネイチャーツアーや工芸体験などを楽しむなら、最低限3泊4日ぐらいは滞在したい。空港のある北部から、大島海峡のある南部までは距離があるので、路線バスだけで旅をするなら行動エリアを絞ったほうがいい。

1日目　飛行機で午前中または午後早めに到着後、あやまる岬、奄美パークなどを回り、奄美大島北部のリゾートホテルに滞在。

2日目　金作原原生林探索、大浜海浜公園などへ。名瀬（奄美市）にあるネイチャーツアーショップが主催するツアーなどに参加するのもいい。（名瀬泊）

3日目　名瀬から南部へ移動。午前中はマングローブパークでカヌー体験、午後は大島海峡周辺を散策。特に大島海峡で見る夕日は必見。（古仁屋泊）

4日目　古仁屋から名瀬を経由して空港方面へ。最終日は移動が主となるが、時間の余裕に合わせ、途中で工芸体験などをしてみるのもいい。

もう少し短期間で回りたい人は…
　レンタカー利用なら、2日目の行程を縮めれば、島を一周回れないこともない。ただ、行動起点が空港なら南部まで欲張らないほうが賢明。

ロングステイしたい人は…
　5泊6日ぐらいあれば、北部から南部までじっくりと回ることができる。マリンスポーツを楽しんだり、加計呂麻島に行くのもいい。

個別手配で旅の予約

個人で行く自由旅行の場合は、すべて自分で手配しなければならない。いかに手間や出費を少なくするか、そのコツを紹介しよう。

ターミナルとなる鹿児島へ

※鹿児島以外から屋久島・奄美大島への直行便はp.18～19へ

行きたい島によって鹿児島へのアクセスを考えよう

鹿児島以外の本土から屋久島、奄美へ行く飛行機（直行便）は、屋久島へは大阪（伊丹）と福岡から、奄美大島へは東京、大阪（伊丹）、福岡からのみ。それ以外は、鹿児島を経由してから船や飛行機で各島へ向かうことになる。各地から鹿児島へは、飛行機、バス、電車、船でアクセスする。

■飛行機でアクセス

鹿児島から各島へ飛行機で乗り継ぐ場合、航空会社によって鹿児島空港で乗り継ぎに必要な時間が異なる。日本航空（JAL）・日本エアコミューター（JAC）は同系列の乗り継ぎなら20分、全日空（ANA）からは30分、スカイマーク（SKY）は40分、それぞれ余裕が必要だ。

また、各島へ船で行く場合、鹿児島空港から鹿児島市内の港まで1時間以上かかるので、余裕をもって行動しよう（p.16参照）。

航空会社
予約電話

【航空会社問い合わせ先】
日本航空（JAL）・日本
エアコミューター（JAC）
♪0570-025-071
全日空（ANA）
♪0570-029-222
スカイマーク（SKY）
♪0570-039-283
ソラシド エア（SNA）
♪0570-037-283
フジドリーム
エアラインズ（FDA）
♪0570-55-0489
ジェットスター（JJP）
♪0570-550-538
（予約専用窓口）
ピーチアビエーション（APJ）
♪0570-001-292

航空路

●各地から鹿児島への航空路							
出発地	運航会社	1日の便数	所要（下り）	所要（上り）	普通運賃	事前購入割引	特別便割引
東京（羽田）	JAL	8便	1時間55分	1時間35分	44,440	6,000～	25,000～
	ANA	11便*¹	1時間55分	1時間35分	42,390	7,390～	31,690～
	SNA	5便	1時間55分	1時間35分	39,690	9,090～	15,090～
	SKY	4便	1時間55分	1時間35分	24,990	9,590～	17,090～
東京（成田）	JJP	2便*²	2時間15分	1時間45分	3,990～*³	-	-
富士山静岡	FDA	1便	1時間45分	1時間25分	33,500	14,000～	22,000～
名古屋（中部）	ANA	4便	1時間30分	1時間15分	40,940	13,640～	26,740～
大阪（伊丹）	JAL	7便	1時間15分	1時間10分	30,860～	28,160～	18,160～
	ANA	6便	1時間15分	1時間10分	29,560～	17,360～	9,960～
大阪（関西）	APJ	2便	1時間10分	1時間5分	10,990～*³	8,660～	6,290～
神戸	SKY	2便	1時間10分	1時間5分	14,000	6,300～	4,400～
松山	JAC	1便	1時間5分	55分	29,300	13,300～	9,800
福岡	JAC	1便	55分	55分	21,310	7,400～	7,900～
那覇	ANA	2便*¹	1時間15分	1時間25分	27,820	16,020～	24,320～
	SNA	2便	1時間15分	1時間25分	26,420	12,020～	13,920～

上記データは2017年10月1日現在のもの。普通運賃は通常期の運賃。また、割引の設定は時期により異なる。
*¹…SNA（ソラシド エア）の共同運航便を含む
*²…1便は月・金・土・日曜のみ運航
*³…搭乗日によって料金が変動

買い方によってはお得になる！鹿児島へのタイプ別おすすめ割引航空券

東京〜鹿児島 JAL の場合（2021年3月1日現在）※羽田空港旅客施設使用料（290円）を含む

普通運賃	4万4690円
▶ 往復割引	4万340円
▶ ビジネスきっぷ	3万7990円
▶ 特便割引1	3万3690円〜
▶ 特便割引3	3万1690円〜
▶ 特便割引21	2万5290円〜
▶ 事前購入割引（先得割引）	1万4090円〜
▶ 事前購入割引（スーパー先得）	7290円〜
▶ おともdeマイル割引 JMB会員は往復で10000マイル 同行者は片道あたり	1万3490円

前日または当日に予約する人は…

【往復割引】
　同一区間を有効期間内（チケット発行日の翌日から1年間）に往復する場合に適用される。

【特便割引】
　JALの場合、搭乗日の約2カ月前から前日まで予約が可能な特便割引1と、3日前までの特便割引3と、21日前までの特別割引21がある。販売座席数には制限があり、便によっては設定のない場合も。予約変更はできない。取消手数料は取消日や路線によって異なる。

早めに予定が決まった人は…

【事前購入割引】
　区間や利用時間によっても割引率が異なる。予約は搭乗日の2ヶ月前から、スーパー先得は55日前、先得割引は28日前まで。座席数限定。予約変更は不可。取消手数料は運賃の約50％相当。

JMB（JALマイレージバンク）会員の人は…

【ビジネスきっぷ】
　同一路線を2回搭乗（往復利用、同一方向2回のいずれもOK）し、JMB会員本人が、JALカードによるクレジット決済を行う場合のみ利用可能。

【おともdeマイル割引】
　設定期間内にJMB会員本人を含む2〜4名までのグループが、同一便に搭乗、同一路線を往復する場合に利用できる。国内線が会員本人は往復10000マイル、同行者は東京〜鹿児島の場合は往復2万6980円（片道1万3490円）と格安。予約は搭乗日の2ヶ月前から4日前までインターネットで受付。席数限定、利用期間制限あり。

■バスでアクセス

　ハイヴェイバスは、福岡をはじめ大分、長崎、熊本、宮崎から鹿児島まで運行している。乗り換えもなく、天文館や鹿児島中央駅といったアクセスのよいところに到着するので便利。

出発地	目的地	1日の便数	所要	運賃	運行会社
福岡（博多）	鹿児島（鹿児島本港）	20便	約4時間10分	5,000	西日本鉄道／南国交通
福岡（天神）	鹿児島（鹿児島本港）	1便（夜行）	約6時間25分	5,000	鹿児島交通／JR九州バス

※目的地・鹿児島本港＝高速船ターミナル

■鉄道でアクセス

　九州新幹線を利用すると、博多から鹿児島中央駅へ最短1時間16分、新大阪からでも最短3時間44分でアクセスできる。乗車券と指定席特急券の料金（通常期）は、博多〜鹿児島中央駅間が1万640円、新大阪〜鹿児島中央駅間は2万2310円（新大阪から最速の「みずほ号」に乗る場合は2万2630円）。九州新幹線には最速のみずほ号、次に速いさくら号、各駅停車のつばめ号がある。

バス・電車予約電話

【バス・電車予約電話】
南国交通高速バス予約センター
☎099-259-6781
南国交通鹿児島本港高速バス予約センター
☎099-222-1220
九州高速バス予約センター
☎092-734-2727
JR九州インターネット列車予約案内センター
☎0570-01-8814

旅の準備のアドバイス

鹿児島市内でのアクセス

●空の玄関－鹿児島空港

　鹿児島空港から鹿児島市内まで空港リムジンバスで約1時間（1300円）。金生町と天文館を経由して鹿児島中央駅前へ着く。空港から直接港へ行く場合は金生町で降りて、本港へは徒歩で、新港へはタクシーを利用。なお、便数は限られるが、空港から高速船ターミナル行きのバスもある。

●海の玄関－鹿児島港

［鹿児島本港北埠頭］

　喜界島、奄美大島、徳之島行きの「フェリーあまみ」、喜界島、奄美大島、徳之島、沖永良部島行きの「フェリーきかい」が発着する。港へは、鹿児島中央駅からドルフィン号で10分、水族館前下車すぐ。1日に5～6便で運賃160円。空港からは連絡バスで高速船ターミナル下車、徒歩15分。

［鹿児島本港南埠頭・高速船旅客ターミナル］

　屋久島、種子島行きの高速船「トッピー」と「ロケット」は高速船旅客ターミナルに、屋久島行きの「フェリー屋久島2」は南埠頭に発着。鹿児島中央駅からは、7時～19時台の間、南埠頭シャトルバス（高速船ターミナル経由水族館前行き）が1日9便運行し、所要約15分。空港からは高速船ターミナル行きバスで終点下車。

［鹿児島新港］

　奄美大島、徳之島、沖永良部島、与論島、沖縄行きの「フェリーあけぼの」「フェリー波之上」「クイーンコーラルプラス」「クイーンコーラル8」が発着。鹿児島新港へは、鹿児島中央駅・東5番乗り場（16:30発）から出るバス・鹿児島新港ポートライナー（鹿児島交通）で約20分（天文館経由）。

空港バス・路線バス問い合わせ

【空港バス問い合わせ】
鹿児島空港バス案内所
☎0995-58-4871
鹿児島空港連絡バス
☎099-247-2333
南国交通
☎0995-58-2341
【路線バス問い合わせ】
鹿児島交通
☎099-247-2333
☎099-247-2334
南国交通鹿児島営業所
☎099-245-4001

鹿児島市内のメインターミナルは鹿児島中央駅

鹿児島中央駅は鹿児島の陸の玄関口。バスや市電の発着本数も多い。土産店や観光案内所もある。

鹿児島の市電

　市内での交通手段として活用度が高いのが市電。鹿児島駅前～交通局前経由～谷山と、鹿児島駅前～鹿児島中央駅前経由～郡元を走る。全線均一170円。谷山行きは鹿児島中央駅を通らない。
鹿児島市交通局電車事業課
☎099-257-2116

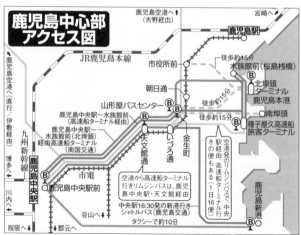

※鹿児島ガイドはp.122、および鹿児島市街地の地図はp.123へ

図版内のバスの便数などは2021年3月現在のもの

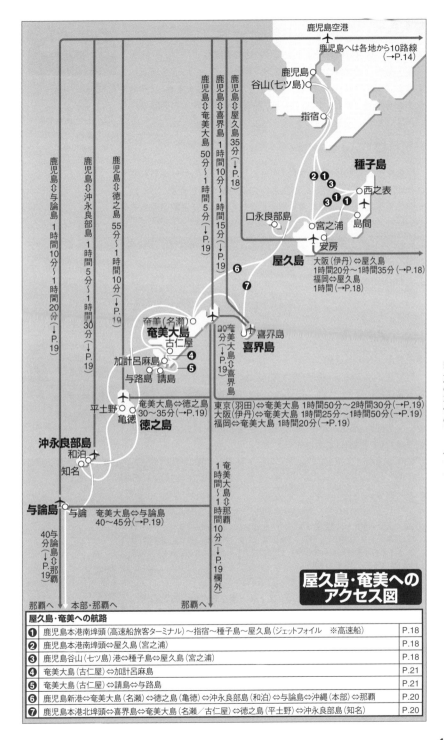

鹿児島空港
鹿児島へは各地から10路線
(→P.14)

鹿児島へ
本部・那覇へ
那覇へ

鹿児島⇕与論島 1時間10分〜1時間20分(→P.19)
鹿児島⇕沖永良部島 1時間5分〜1時間30分(→P.19)
鹿児島⇕徳之島 55分〜1時間10分(→P.19)
鹿児島⇕奄美大島 50分〜1時間5分(→P.19)
鹿児島⇕喜界島 1時間10分〜1時間15分(→P.19)
鹿児島⇕屋久島 35分(→P.18)

鹿児島
谷山(七ツ島)
指宿

種子島
西之表
口永良部島
島間
宮之浦
安房
屋久島

大阪(伊丹)⇔屋久島 1時間20分〜1時間35分(→P.18)
福岡⇔屋久島 1時間(→P.18)

奄美(名瀬)
奄美大島
古仁屋
加計呂麻島
与路島 請島

奄美大島⇕喜界島 20分(→P.19)
喜界島

東京(羽田)⇔奄美大島 1時間50分〜2時間30分(→P.19)
大阪(伊丹)⇔奄美大島 1時間25分〜1時間50分(→P.19)
福岡⇔奄美大島 1時間20分(→P.19)

平土野
亀徳
徳之島

奄美大島⇔徳之島 30〜35分(→P.19)

沖永良部島
和泊
知名

与論島
与論

奄美大島⇔与論島 40〜45分(→P.19)

与論島⇕那覇 40分(→P.19)
奄美大島〜那覇 1時間〜1時間10分(→P.19欄外)

屋久島・奄美へのアクセス図

屋久島・奄美への航路		
❶	鹿児島本港南埠頭(高速船旅客ターミナル)〜指宿〜種子島〜屋久島(ジェットフォイル ※高速船)	P.18
❷	鹿児島本港南埠頭⇔屋久島(宮之浦)	P.18
❸	鹿児島谷山(七ツ島)港⇔種子島⇔屋久島(宮之浦)	P.18
❹	奄美大島(古仁屋)⇔加計呂麻島	P.21
❺	奄美大島(古仁屋)⇔請島⇔与路島	P.21
❻	鹿児島新港⇔奄美大島(名瀬)⇔徳之島(亀徳)⇔沖永良部島(和泊)⇔与論島⇔沖縄(本部)⇔那覇	P.20
❼	鹿児島本港北埠頭⇔喜界島⇔奄美大島(名瀬／古仁屋)⇔徳之島(平土野)⇔沖永良部島(知名)	P.20

旅の準備のアドバイス

屋久島へ

飛行機か船か自分の旅のプランに合わせて選ぼう

屋久島へは鹿児島から飛行機と船（高速船・フェリー）が運航している。時間をかけずに移動したいなら飛行機がおすすめ。なるべく予算をかけたくない人や、自分の車やバイクで各島内を回りたい人はフェリーで島へ渡ろう。

問い合わせ先

日本エアコミューター
（JAC）は予約便名とも
JALに変更
♪0570-025-071
http://www.jac.co.jp

■飛行機でアクセス

屋久島へ行く飛行機は、大阪（伊丹）、福岡、鹿児島から運航している。東京から行く場合は、屋久島への直行便がないため、いったん鹿児島へ行き、飛行機を乗り継ぐことになる。特定便割引もあるのでぜひ利用したい。

●屋久島への航空路

出発地	運航会社	1日の便数	所要時間	普通運賃	事前購入割引	特別便割引
鹿児島	JAC	5便	40分	15,900	7,900〜	11,000〜
福岡	JAC	1便	1時間	27,210	15,610〜	-
大阪（伊丹）	JAC	1便	1時間20〜1時間35分	39,360	30,560	-

上記データは2021年3月1日現在のもの。

■船でアクセス

●鹿児島からの高速船

鹿児島本港南埠頭（種子・屋久高速船旅客ターミナル）から出港する高速船には「トッピー」と「ロケット」があり、屋久島まで運航している。飛行機に比べ、宮之浦や安房といった島の中心地に直接着くので便利。高速船では、普通運賃、往復運賃の他に、お得な周遊割引運賃（7日間有効）もある。

問い合わせ先

種子屋久高速船
（トッピー＆ロケット）
♪099-226-0128

●ジェットフォイル（高速船）　※トッピー＆ロケット

出発地	目的地	所要時間	片道運賃	往復運賃	1日の便数	備考
鹿児島本港南埠頭高速船ターミナル	屋久島（宮之浦）	1時間50分〜3時間	9,200	16,600	3便	1日1便指宿と種子島経由あり
	屋久島（安房）	2時間30〜45分	8,400	15,000	2便	いずれも種子島経由

※上記の表は冬ダイヤ（2021年3月6日〜9月20日）の情報を掲載。夏ダイヤ（2021年3月中旬〜9月中旬）は、時刻や便数が異なるので乗船前に必ずご確認ください。ダイヤの時期も毎年異なるので注意。コロナ禍の影響による運休あり。運賃は2021年3月1日現在のもの。

●鹿児島からのフェリー

鹿児島本港南埠頭を発着する「フェリー屋久島2」と、鹿児島市南部にある谷山（七ツ島）港を発着する「フェリーはいびすかす」（屋久島へ早朝着）がある。いずれも車両積載可（要別料金）。

問い合わせ先

折田汽船
♪099-226-0731
鹿商海運
♪099-261-7000

●鹿児島から屋久島へのフェリー

出発地	目的地	所要時間	往路運賃	復路運賃	1日の便数	運航会社／備考
鹿児島本港南埠頭	屋久島（宮之浦）	4時間〜4時間10分	3,900*1	7,800*1	1便	鹿商海運「フェリーはいびすかす」
谷山（七ツ島）港*2	屋久島（宮之浦）	下り13時間（種子島停泊含む）／上り6時間30分	5,200	4,700	1便	折田汽船「フェリー屋久島2」

*1…二等船室の料金、復路でなく往復運賃
*2…鹿児島中央駅から鹿児島交通バス・七ツ島1丁目行きで谷山港下車

奄美群島へ

飛行機と船でかかる時間と料金を比較検討！

奄美群島へ行くには飛行機と船の便がある。喜界島、奄美大島、徳之島、沖永良部島、与論島へはそれぞれに鹿児島から飛行機が運航しているが、各島間は直行便がない場合もあるので注意。船は鹿児島から奄美群島をめぐり沖縄まで運航している便もある。

■ 飛行機でアクセス

奄美大島へは、東京（羽田／成田）と大阪（伊丹／関西）と福岡から直行便が出ている。その他の空港から奄美群島へアクセスする場合は、すべて鹿児島空港を経由。

問い合わせ先

日本航空（JAL）・日本エアコミューター（JAC）・琉球エアーコミューター（RAC）
♪0570-025-071
http://www.jal.co.jp/
バニラエア（VNL）

●本土から奄美大島への航空路

出発地	運航会社	1日の便数	所要時間	普通運賃	事前購入割引	特別便割引
東京（羽田）	JAL	1便	1時間50分～2時間30分	52,800	24,800～	31,800～
大阪（伊丹）	JAL	1便	1時間25分～1時間50分	40,500	8,400～	28,000～
福岡	JAL	1便	1時間20分	36,700	9,900～	-

*¹…搭乗月によって料金が変動

●鹿児島から奄美群島への航空路

目的地	運航会社	1日の便数	所要時間	普通運賃	事前購入割引	特別便割引
奄美大島	JAL	8便	50分～1時間5分	26,400	9,900～	16,200～
喜界島	JAL	2便	1時間10分～1時間15分	27,800	15,200	9,900～
徳之島	JAL	4便	55分～1時間10分	30,700	15,100～	-
沖永良部	JAL	3便	1時間5分～1時間30分	33,600	12,700～	-
与論	JAL	1便	1時間10分～1時間20分	35,400	13,400～	-

奄美群島へ行くときのヒント！

東京・大阪（伊丹）・福岡からJALグループ便の利用で、鹿児島か奄美大島を経由して奄美群島へ行く場合は特別乗継割引が適用される。JAL便を利用して一括購入し、出発日同一日中に乗り継ぐことが条件（例：東京→鹿児島→徳之島の場合、普通運賃7万5390円が、特別乗継割引で4万8390円に）。

また、与論島へは那覇から琉球エアーコミューター（RAC）で行くこともできる。所要時間は40分で普通運賃は1万4850円（事前購入割引で9000円～）。出発空港によっては鹿児島を経由して行くよりも安く、かつ早く着く場合もある。

奄美大島から那覇へ

奄美大島⇔那覇は、琉球エアーコミューター（RAC）で2万6700円（往復割引で2万4200円～）。所要時間は1時間～1時間10分。

●奄美群島内の航空路

出発地	目的地	運航会社	1日の便数	所要時間	普通運賃	事前購入割引	備考
奄美大島	喜界島	JAL	3便	20分	10,900	5,000～	-
	徳之島	JAL	2便	30～35分	15,200	7,000～	-
	与論	JAL	1便*²	40～45分	22,400	9,900～	*²以外の曜日は沖永良部経由も

※斜字運航日注意　*¹＝日・月・水・金曜に運航。逆区間は火・木・土曜に運航
　　　　　　　　　*²＝火・木・土曜に運航。逆区間は日・月・水・金曜に運航

※上記は2021年3月1日現在の運航ダイヤです。運航路線・便数・曜日などの各種データは変更になることもありますので、お出かけ前に航空会社へ最新の情報をお問い合わせください。

■船でアクセス

　奄美群島をめぐるフェリーは、天候によって発着の日時や港を変更することがある。また、各島へ運ぶ貨物の運搬作業によって発着時刻が変わる場合があるので、出港時刻の前にあらかじめ港へ問い合わせて、時刻や港を確認するようにしよう。発着する港が変更になっても慌てないように余裕を持った行動を心がけよう。

●鹿児島から奄美群島をめぐるフェリー

　鹿児島新港から「フェリーあけぼの」、「フェリー波之上」、「クイーンコーラルプラス」、「クイーンコーラル8」が交互に、毎日1便出港する。鹿児島本港北埠頭からは「フェリーきかい」と「フェリーあまみ」が月～金曜日までほぼ交互に出港。

問い合わせ先

マリックスライン
☎099-225-1551
http://www.marixline.com/
マルエーフェリー
（鹿児島航路）
☎099-226-4141
http://www.aline-ferry.com/
奄美海運（喜界島航路）
☎099-222-2338

鹿児島から奄美群島への船

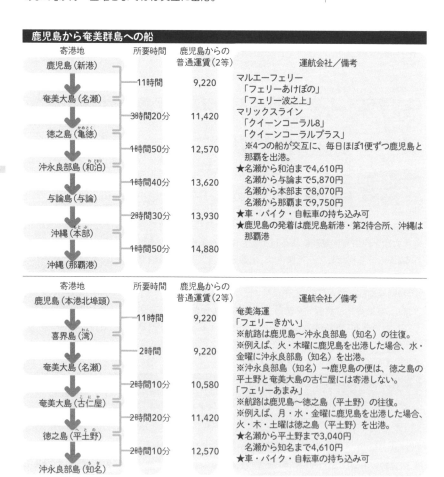

寄港地	所要時間	鹿児島からの普通運賃（2等）	運航会社／備考
鹿児島（新港）			マルエーフェリー 「フェリーあけぼの」 「フェリー波之上」 マリックスライン 「クイーンコーラル8」 「クイーンコーラルプラス」 ※4つの船が交互に、毎日ほぼ1便ずつ鹿児島と那覇を出港。 ★名瀬から和泊まで4,610円 　名瀬から与論まで5,870円 　名瀬から本部まで8,070円 　名瀬から那覇まで9,750円 ★車・バイク・自転車の持ち込み可 ★鹿児島の発着は鹿児島新港・第2待合所、沖縄は那覇港
↓	11時間	9,220	
奄美大島（名瀬）			
↓	3時間20分	11,420	
徳之島（亀徳）			
↓	1時間50分	12,570	
沖永良部島（和泊）			
↓	1時間40分	13,620	
与論島（与論）			
↓	2時間30分	13,930	
沖縄（本部）			
↓	1時間50分	14,880	
沖縄（那覇港）			

寄港地	所要時間	鹿児島からの普通運賃（2等）	運航会社／備考
鹿児島（本港北埠頭）			奄美海運 「フェリーきかい」 ※航路は鹿児島～沖永良部島（知名）の往復。 ※例えば、火・木曜に鹿児島を出港した場合、水・金曜に沖永良部島（知名）を出港。 ※沖永良部島（知名）→鹿児島の便は、徳之島の平土野と奄美大島の古仁屋には寄港しない。 「フェリーあまみ」 ※航路は鹿児島～徳之島（平土野）の往復。 ※例えば、月・水・金曜に鹿児島を出港した場合、火・木・土曜は徳之島（平土野）を出港。 ★名瀬から平土野まで3,040円 　名瀬から知名まで4,610円 ★車・バイク・自転車の持ち込み可
↓	11時間	9,220	
喜界島（湾）			
↓	2時間	9,220	
奄美大島（名瀬）			
↓	2時間10分	10,580	
奄美大島（古仁屋）			
↓	2時間20分	11,420	
徳之島（平土野）			
↓	2時間10分	12,570	
沖永良部島（知名）			

上記データは2021年3月1日現在のもの。船の普通運賃は2等運賃。季節や便によって入出港時刻、所要時間、便数は異なる。また、運賃には燃料価格調整金が加算される場合もある。

奄美群島を アイランドホッピング

　奄美大島をはじめ、8つの有人島をもつ奄美群島。ここでは船便を利用して奄美群島を巡る場合の、簡単なポイントをアドバイスしておこう。

●奄美大島から船で奄美群島を巡る

　鹿児島を出港して奄美群島を南下していく下り便のフェリーは、奄美大島・名瀬港への寄港時間が通常は早朝の時間帯となる。この便を利用する場合は、名瀬港近辺の宿泊施設に泊まるようにしよう。

●古仁屋寄港の船便を活用する

　また「フェリーあまみ」や「フェリーきかい」は、奄美大島南部の古仁屋港に寄港する。この便を利用すると、たとえば奄美大島・加計呂麻島・徳之島の3島を組み合わせた旅を計画した場合、効率よく島々を巡ることができる。

　もし、飛行機利用で奄美大島〜徳之島間を移動した場合、加計呂麻島も旅の行程に加えると、陸路で奄美空港と古仁屋港の間を移動しなければならないが、古仁屋寄港便のフェリーを利用すれば、その空港〜古仁屋間の移動行程を省ける。とくに奄美大島内を路線バスで移動する旅行者には有益な移動手段だ。ただ、レンタカー利用の場合は、奄美空港や名瀬で借りたクルマを古仁屋で乗り捨てることができないので注意。

●奄美と屋久島が船で繋がる（期間限定）

　鹿児島〜奄美群島〜沖縄本島を結ぶ「フェリー波之上」（マルエーフェリー）は、2021年3月現在、上り便（那覇港・本部発・指宿港・鹿児島新港行き）屋久島・宮之浦港に寄港する。2018年にスタートした奄美大島と屋久島を結ぶ航路だが、上り便のみ、運航日の4日前に1名以上の予約がある場合に限り屋久島に寄港するという条件もあるため、利用を考える際には、事前にマルエーフェリー（P.20参照）へ問い合わせよう。

●奄美大島の南部、古仁屋からの船

　奄美大島（古仁屋）から「フェリーかけろま」で加計呂麻島（かけろまじま）へ渡ることができる。瀬相（せそう）へは1日4便、生間（いけんま）へは1日3便、毎日運航している。「せとなみ」は、与路島（与路／よろしまよろ）〜請島（池地／うけしまいけじ）〜請島（請阿室／うけあむろ）〜古仁屋を毎日1往復（月・土曜のみ1往復半）。

　また、海上タクシー（瀬戸内貸切船組合など）で島へ渡ることもできる。加計呂麻島の生間まで3000円、請島まで約1万5000円、与路島まで約1万7000円と運賃は高いが、朝8時から夜19時頃まで利用できる。予約をすれば時間外も運航してくれる。

問い合わせ先

瀬戸内町
商工観光課
☎0997-72-1115
瀬戸内貸切船協同組合
☎0997-72-0377
古仁屋貸切船組合
☎0997-72-0332
奄美海上タクシー
☎0997-72-4760

●奄美大島（古仁屋）から加計呂麻島・与路島・請島への船				
目的地	所要時間	普通運賃	1日の便数	運航会社／備考
加計呂麻島（瀬相）	25分	360	4便	瀬戸内町「フェリーかけろま」
加計呂麻島（生間）	20分	360	3便	★車・バイク・自転車も持ち込み可
請島（請阿室）	45分	930	1便	
請島（池地）	1時間5分	930	※月・土曜のみ	瀬戸内町「せとなみ」
与路島（与路）	50分〜1時間40分	1,030	片道1便増	

■個別で申し込む宿泊予約

　いい宿に滞在することは、旅を楽しくする要素のひとつ。豪華なリゾートホテルタイプ、島の中心地にあるシティホテル、家庭的な雰囲気の旅館や民宿など、自分の目的や予算に合った宿を選びたい。その際、予約＆宿泊日、金額、内容などをしっかり確認しておくこと。もし予約がとれていなかったりしたら、島という場所柄、代わりの宿を探すのが大変な場合もある。

●屋久島・奄美大島での宿泊施設のタイプ

［リゾートホテル］

　屋久島は、本格的なリゾートホテルは数軒だが、エステや温泉、プールなど、充実した施設を備えたところもある。民宿や旅館の相場からすると格段に宿泊料金が上がるため、個人予約よりは旅行会社のフリープランや宿泊パックを利用して予約した方が得。

　奄美大島では北部にリゾートホテルが集中している。海に臨む立地の良い場所にあり、マリンリゾートのオプションが充実しているホテルが多い。宿泊料金は、1泊2食付きで1万2000円前後。たいていの場合、空港への送迎もしてくれる。

［シティホテル・ビジネスホテル］

　屋久島では、安房や宮之浦にホテルがある。相場は1万円前後だが、5000円程度のビジネスホテルもある。奄美大島は、中心地の名瀬にビジネスホテルが集中しており、宿泊のみで5000円前後。名瀬を起点にしてあちこち回りたい人、郷土料理店や島唄を聴ける店で食事したいという人にはおすすめ。

［旅館・民宿］

　旅館や民宿は、家庭的な雰囲気でスタッフとのコミュニケーションも楽しめる。屋久島には、旅館や民宿のタイプが一番多い。6000～9000円ぐらいで1泊2食付きの宿に泊まることができるが、なかには1万～1万8000円の旅館もある。奄美大島の旅館・民宿は1泊2食付きで5000～8000円ほど。素泊まりの宿は、屋久島・奄美大島ともに2000円台からある。この場合、空港や港への送迎はないところが多い。

［キャンプ場・山小屋］

　屋久島・奄美大島ともに、テントや調理器具がレンタルでき、炊事場やシャワー、バンガローも建つキャンプ場がある。テントサイトは一張200円～。無料のキャンプ場もあるが、水場やシャワーなどの設備が整ってないところもある。

　屋久島の山小屋はすべて無料。管理人は不在で電話もない。水場はあるが、寝具や食料は持参となる。トイレの位置は明るいうちに確認を。

屋久島・縄文杉の近くにある高塚小屋も無人山小屋のひとつ

水着のままビーチへ行ける奄美リゾートばしゃ山村

宿泊予約に便利なホームページ

楽天トラベル
http://travel.rakuten.co.jp/
国内最大の宿泊予約サイト。屋久島や奄美群島、鹿児島市内の宿泊情報も充実。人数や予算などを入力すると、条件に合った施設を検索してくれる。

屋久島リアルウェーブ
http://www.realwave-corp.com/
屋久島に関する情報満載。ホテル、旅館などカテゴリー別に写真付きで掲載。

屋久島観光協会
http://yakukan.jp
ホテル、旅館、キャンプ場まで含めて100軒以上の宿泊情報を掲載。

のんびり奄美
http://www.amami-tourism.org
一般社団法人あまみ大島観光物産連盟が運営。奄美大島と加計呂麻島などのホテルや民宿を紹介。

フリープラン型ツアー

旅行会社が主催するツアーのひとつで、往復交通費と宿がセットになったプラン。面倒な手配は旅行会社にまかせて、ラクに旅をしたい人におすすめ。

フリープラン型ツアーの場合は、添乗員が付かないため滞在中は自由に行動できる。オプショナルツアーに申し込んだり、レンタカーを借りて島内を好きなように回ったりと、自分なりにアレンジした旅を楽しめるので魅力的だ。

また、旅の滞在日数や行き先、ホテルを選べるプランや、いくつかの島を経由し、指定ホテルに泊まったあとは自分で宿泊先を手配可能なプランもあり、個別手配より楽に計画を立てられる。

●屋久島へ行く

屋久島へ行くフリープランは3日～5日間のツアーが多い。鹿児島から屋久島までの交通手段（飛行機か高速船）やホテルを選ぶことができる。また、種子島だけを満喫するフリープランや、屋久島・種子島の両方を楽しめるフリープランもある。

●奄美群島へ行く

奄美大島のフリープラン型ツアーは、リゾートホテルや名瀬のホテルに滞在するプランが中心となる。また、奄美大島の北部から南部、加計呂麻島にいたる各地のホテル、ペンション、民宿、キャンプ場から宿のタイプを選べるプランを設定している旅行代理店もあるので、行動範囲を広げてみたい人にいい。

徳之島や沖永良部島にもフリープランの設定があり、与論島ではリゾートステイプランやホテル・民宿プラン、与論と那覇のセットプランなどがある。

旅行会社のオプショナルプランを利用する

旅行会社のツアーに用意されているオプショナルツアーは、自然体験できるエコトレッキング、ダイビングやシーカヤックなどのマリンスポーツ、船釣りなど、目的に合った旅の楽しみ方を提案してくれる。ツアーの予約と一括手配で事前予約することができるため、手間もかからず、安心して旅のプランを立てられる。

また、オプショナルツアーは、現地の主催会社が行なっているツアーを利用する場合が多く、現地と同じ料金か、それより安く申し込める場合もある。これを利用しない手はない！

【人気オプショナルツアーの一例】

屋久島「白谷雲水峡トレッキング」（5～6時間／1万5000円）
白谷川沿いに歩き、奉行杉や七本杉など屋久島の森を観察する。
奄美大島「マングローブカヌー体験」（約1時間／1800円）
カヌーを漕ぎながらマングローブ原生林を小旅行。

旅行会社各社から発行されているパンフレットや、ホームページなどでツアーを探してみよう

フリープラン型ツアーを利用すると
〈例〉屋久島の旅3日間
5万1000円（2名利用時のひとりの料金）
出発日：6月1日（火）
出発地：東京（羽田）
1日：羽田空港（希望便）→鹿児島空港→屋久島空港→ホテル　着後フリータ食付／屋久島グリーンホテル泊
2日：フリー　2食付／屋久島グリーンホテル泊
3日：フリー　朝食付　ホテル→屋久島空港（希望便）→鹿児島空港→羽田空港

自分で手配してみると…
なんと10万690円！
羽田←→鹿児島（JAL）
4万340円（往復割引を利用）
鹿児島←→屋久島（JAC）
1万4350円（往復割引を利用）
屋久島グリーンホテルに2泊（各2食付）
4万6000円

屋久島・奄美大島のレンタカー・駐車場事情

●レンタカーの相場

軽自動車を24時間借りる場合、屋久島の相場は4500〜6000円、奄美大島は4000〜6500円。旅行代理店のツアーパンフレットを見ると、オプションのレンタカー料金は個人予約の場合とそれほど変わらない。全国チェーンのレンタカー会社は、営業所は多いが、地元の業者よりもレンタル料が高いこともある。

●レンタカーは事前に予約しておこう

屋久島は空港や港のそばに、奄美大島は空港付近や名瀬にレンタカーの営業所が多い。レンタカーは、事前に予約をしておけばたいてい空港や港、ホテルまで迎えにきてくれ、返却の際も営業所から空港や港まで送ってくれる。また、営業所が数カ所ある場合、借りた営業所と別の営業所に返却できるところもある。ただしレンタカーは、島へ着いてから借りようとしても予約がいっぱいで借りられないこともあるので注意！

●島内の駐車場

屋久島では各観光スポットをはじめ、宿や飲食店に駐車場があることが多く、レンタカーの移動で困ることは少ない。

奄美大島では名瀬の中心街の場合、宿はたいてい無料で利用できる駐車場を用意している。ただ、飲食店には駐車場がないところも多く、市内各所にある有料駐車場を利用することになる。また、南部の古仁屋には駐車場が少なく、駐車場を用意しているホテルでも隣接していないところがあるので事前に確認を。

●島内のガソリンスタンド

屋久島は周囲約130km、車で一周すると約3時間。島内の主な集落にガソリンスタンドはあるが、島の西部（湯泊〜西部林道）にはない。奄美大島の場合、街中や国道58号沿いにはガソリンスタンドが多いが、主要道路から離れた山の中にはないので、特に3泊4日以上で島内を大きく移動する際は気をつけよう。

奄美大島のレンタカー店は空港付近と名瀬に多い

屋久島でのガソリン

屋久島のガソリンスタンドでは、店頭に料金が表示されていないため、実際に給油して支払いをしなければ料金がわからないのが現状。2021年3月現在ではレギュラーで145〜150円前後／ℓが相場。料金は変動するものだが、本土よりは高いことを覚えておきたい。

船で早朝到着の場合

鹿児島からの船で名瀬港に朝5時に着く場合は、ニッポンレンタカー（☎0997-55-2400）へ事前に予約しておくと、名瀬にあるホテルビッグマリン奄美に車を用意しておいてくれる。

TEKU TEKU COLUMN

タクシーでめぐる島内観光

屋久島も奄美大島もバスは本数が少なく移動に時間がかかるが、タクシーを利用すれば効率よく観光できる。観光スポットを回るタクシーなら、ベテランドライバーのガイド付きだ。

コース例をあげると、屋久島では、志戸子ガジュマル公園から西部林道を通って大川の滝、千尋の滝などをめぐる5〜6時間コースが約3万円。

奄美大島では、浜千鳥館、大島紬村、奄美パーク、あやまる岬など北部を回る5時間で約1万8500円といったコースがある。いずれも小型車（定員4名）の料金。

屋久島・奄美を旅する心構え

●島旅では余裕をもったスケジュールを

島という場所柄、天候によって飛行機や船が欠航することで島へ渡れなかったり、島から出られなくなってしまったりということは当然考えられる。特に夏から秋にかけては、屋久島も奄美群島も台風の通り道。台風による交通機関欠航のため、予約していた宿をキャンセルしたり、逆に延泊が必要になるケースもある。

台風の多い時期に旅をするなら、事前に週間天気予報をこまめにチェックしたり、あらかじめ宿の予約状況やキャンセル料の確認をしておくこと。また、旅のプランを考える際にも、余裕をもったスケジュールを組むようにした方がいい。

●飛行機が欠航になったらチケットはどうなる？

台風などの不可抗力によって飛行機が欠航になった場合、チケット代は手数料なしで全額払い戻しが可能だ。また、同じ系列の航空会社内の同一路線であれば、30日以内（もしくは各航空会社規定の有効期間内）に他の便へ変更することができる。

旅行会社のツアーでは、行きの便が欠航になったら取消料なしでツアー代金が全額返金になる。また、旅行の途中で欠航になった場合は、他の便へ変更となる。ただし、変更によって延泊する場合の宿泊代や、自分で他の交通手段を利用した場合の交通費は各自で負担しなければならない。

●島内での金融機関

屋久島には、宮之浦と安房に銀行があり、郵便局も主な集落にある。奄美大島には、名瀬や古仁屋に銀行や信用金庫、信用組合が並び、郵便局が各市町村の中心地にある。手数料はかかるが、ATMで都市銀行など提携の銀行カードも使える。

土・日曜・祝日の場合、屋久島では、鹿児島銀行・南日本銀行・郵便局（宮之浦・安房・尾之間）で、奄美大島では、名瀬にある鹿児島銀行・南日本銀行・奄美大島信用金庫・奄美信用組合、名瀬・古仁屋などの郵便局のATMからお金を引き出せる。

●自然とふれる際に

屋久島や奄美群島を旅する場合、その豊かな自然の魅力を求めて訪れる人が多い。世界自然遺産にも登録された緑豊かな屋久島、固有の動植物が森に棲み、海も一際美しい奄美群島。これらの自然はかけがえのないものだが、人間が自然のルールを乱しただけで、その美しさは損なわれてしまう。ほんのわずかなつもりでも、動植物を採集したり、野生動物にエサを与えたり、登山道などに指定された以外の場所へ踏み込んだりは絶対にしないこと。また、キャンプをする場合は決められた場所で設営し、ゴミは必ず持ち帰るようにしよう。

台風時の過ごし方

台風の暴風圏内に入った島では、海は高波、山は鉄砲水、倒木の危険があるため、観光は屋内施設の見学にとどめよう。ただし、台風発生がわかっているのであれば、島へ渡らないことが賢明。島内にいる場合でも、予定を繰り上げて帰ることも検討した方がいい。

台風による欠航の際に

台風によって飛行機が欠航した場合、事前購入割引チケットやバーゲン型割引チケットなど、もともと便の変更ができないチケットでも変更可能。

天気情報

島の天気は変わりやすいので、天候が気になるときは電話で確認を。
鹿児島地方気象台
♪099-250-9913
名瀬測候所
♪0997-52-0375

屋久島・奄美を旅する心構え

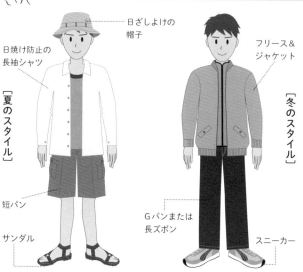

屋久島での服装と持ち物

［夏のスタイル］

- 日ざしよけの帽子
- 日焼け防止の長袖シャツ
- 短パン
- サンダル

［冬のスタイル］

- フリース＆ジャケット
- Gパンまたは長ズボン
- スニーカー

旅の便利アイテム

撥水性のある帽子
雨よけのためにつばの広いものがよい。

日本手ぬぐい
頭や首にまいたり汗をふいたり、包帯がわりにも。

薬
消毒薬、包帯、湿布、固定テープの他、風邪薬や頭痛薬などの常備薬。

タオルマフラー
防寒にもなり、汗ふきとしても使える。

ゴミ袋
降雨時にリュックにかぶせたり、敷物として利用。

山で役立つアイテム

携帯用カイロ
防寒や腹痛、腰痛対策に。

携帯電話
山の尾根の一部で通じることも（携帯電話の会社によって異なる）。

笛
遭難したときなど、自らの存在を笛で知らせよう。

ヘッドライト
山でトイレに行くときや暗い山道を歩くときに。

●雨は多いがカラッとして過ごしやすい

　屋久島は温暖な気候で、年間の平均気温はおよそ20度。8月の平均最高気温は30度を超えるが、海岸部ではカラッとしていて過ごしやすい（p.10～11参照）。夏はTシャツ・短パンに、日射病や日焼けを防ぐための帽子や長袖シャツを用意していこう。冬は10度を下回るときもあり肌寒いので、フリースにジャケットを着込むくらいの準備が必要だ。

　春や秋は20度前後の過ごしやすい気候で、平地の観光スポットを訪れるには短パン・Tシャツ・サンダルの軽装でOK。ただし、滝や渓流を見に行く場合はスニーカーが安全だ。日差しや雨よけになるので、帽子も常備しておきたい。

TEKU TEKU COLUMN

山に入るときの服装

　山中は湿度が高く、気温は平地と比べて8～12度低い。また、雨が降りやすく急な天候の変化も多い。トレッキングに行く場合は、セーターなどの防寒着、保温性・速乾性のあるシャツ、動きやすい長ズボン、厚手の靴下、帽子、運動靴またはトレッキングシューズといったスタイルが望ましい。冬山は上級者向けで、冬山用の本格的な装備が必要。

持ち物
　レインウエア（上下セパレートのもの）／ナップサックやリュックなど背負えるもの／軍手／タオル／水筒／携行食（チョコレート・飴・キャラメル）／弁当／懐中電灯（ヘッドライト）／カメラ／薬など

奄美大島での服装と持ち物

旅の便利
アイテム

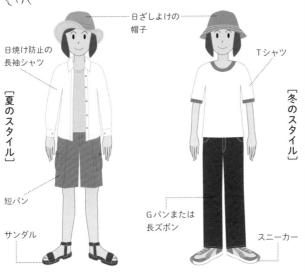

[夏のスタイル]

- 日ざしよけの帽子
- 日焼け防止の長袖シャツ
- 短パン
- サンダル

[冬のスタイル]

- Tシャツ
- Gパンまたは長ズボン
- スニーカー

旅の便利アイテム

つばが広めの帽子
日ざしよけに。撥水性があれば多少の雨は防げる。

折りたたみ雨傘
突然の雨に備えて常備。

サンダル＆スニーカー
街中や海はサンダルで。山へ行くならスニーカー。

日焼け止め
歩き回るだけでもかなり日に焼けるので常備。

フリース
寒い季節や春・秋に1枚。

大きめの布
海や山で日よけやシート、パレオとして活用。

サングラス
紫外線をカットするタイプが望ましい。

ウェットティッシュ
汗をかいたときに一拭き。

●亜熱帯性気候の暖かい島

　年間平均気温が20度を超す奄美大島は、亜熱帯性気候に属する暖かい島。一年を通して25度を超える日が多く、夏は平均して30度前後。日差しが強いので、日よけのために帽子や長袖シャツが必要だ。春や秋は気温が20〜25度なので、Tシャツ・Gパン（長ズボン）でOK。長袖や短パンがあると、より快適に過ごせる。

　冬は日差しがあれば暖かくなるが、10度を下回るような寒い日もある。また、北風の強い日は実際の気温より寒く感じるため、パーカーやフリース、ジャンパーなどを着ていくとよい。島の天候は変わりやすく、突然のスコールもあるので、撥水性のあるウインドブレーカーやレインコートがあると便利だ。

もしハブに咬まれたら？

　水などで口内をすすぎながら毒を吸い出し、傷口から心臓に近い個所を縛る。そしてすぐに救急車を呼ぶか、病院に行く。咬傷者はなるべく動かず、他の人に搬送してもらう。
【ハブ咬傷治療施設】
県立大島病院 ☎0997-52-3611／奄美市笠利診療所 ☎0997-63-0011／瀬戸内徳洲会病院 ☎0997-73-1111

TEKU TEKU COLUMN

海で遊ぶ

　海は4月から8月ごろまで海水浴が可能だが、くれぐれも日焼けや日射病には注意。パレオや大きなバスタオルなどで体を日差しから守ることを心がけよう。汗をかいたら水分補給も忘れずに。また、カヌーやカヤックに乗る場合、転覆して水に落ちてしまうこともある。風邪をひかないためにも、タオルや着替えを用意していくとよい。

山で遊ぶ

　金作原原生林の散策コースは平坦な道。奄美大島の最高峰・湯湾岳は、奄美フォレストポリス奥にある登山口から頂上まで約30分ほどで着き、本格的な山歩きの装備は不要。ただし、奄美大島にはハブがいるので、山へ入る際はゆったりとした生地の長袖長ズボン＆スニーカーを着用し、棒などでハブがいないか確認しながら歩こう。

観光・交通の主な問い合わせ先

■ 観光全般

鹿児島県観光課
♪ 099-286-2994
鹿児島県観光連盟
♪ 099-223-5771
http://www.kagoshima-kankou.com/
鹿児島県離島振興課
♪ 099-286-2443

＜屋久島＞

屋久島空港前観光案内所
♪ 0997-49-4010
http://yakukan.jp/
　宮之浦案内所
　♪ 0997-42-1019
　安房案内所
　♪ 0997-46-2333
屋久島町商工観光課
♪ 0997-43-5900
http://www.town.yakushima.kagoshima.jp/

＜奄美大島・加計呂麻島＞

奄美大島観光案内所
♪ 0997-57-6233
あまみ大島観光物産連盟
♪ 0997-53-3240
奄美市紬観光課
♪ 0997-52-1111
http://www.city.amami.lg.jp/
奄美市笠利総合支所産業振興課
♪ 0997-63-1111
奄美市住用総合支所産業建設課
♪ 0997-69-2111
龍郷町企画振興課
♪ 0997-62-3111
http://www.town.tatsugo.lg.jp/
大和村企画観光課
♪ 0997-57-2111
http://www.vill.yamato.lg.jp/
宇検村役場
♪ 0997-67-2211
http://www.uken.net/
瀬戸内町水産観光課観光係
♪ 0997-72-1115
http://www.town.setouchi.lg.jp/
奄美せとうち観光協会
♪ 0997-72-1199

＜喜界島＞

喜界町企画観光課
♪ 0997-65-1111
http://www.town.kikai.lg.jp/
喜界町観光物産協会
♪ 0997-65-1202

＜徳之島＞

徳之島観光連盟
♪ 0997-84-2010
http://www.tokunoshima-kanko.com/
徳之島町企画課
♪ 0997-82-1111
http://www.tokunoshima-town.org/
天城町商工水産観光課
♪ 0997-85-5149
http://www.town.amagi.lg.jp/kanko/
伊仙町きゅらまち観光課
♪ 0997-86-3111
http://www.town.isen.kagoshima.jp/

＜沖永良部島＞

おきのえらぶ島観光協会
♪ 0997-84-3540
和泊町企画課
♪ 0997-84-3512
http://www.town.wadomari.lg.jp/
知名町企画振興課
♪ 0997-84-3162
http://www.town.china.lg.jp/

＜与論島＞

与論町商工観光課
♪ 0997-97-4902
http://www.yoron.jp/
ヨロン島観光協会
♪ 0997-97-5151
http://www.yorontou.info/

＜鹿児島市＞

鹿児島市観光振興課
♪ 099-216-1327
http://www.city.kagoshima.lg.jp/
鹿児島中央駅総合観光案内所
♪ 099-253-2500

■ 気象案内

鹿児島地方気象台
♪ 099-250-9913
名瀬測候所
♪ 0997-52-0375

■ 航空会社

日本航空（JAL）
日本エアコミューター（JAC）
琉球エアーコミューター（RAC）
♪ 0570-025-071
http://www.jal.co.jp/
全日空（ANA）
♪ 0570-029-222
http://www.ana.co.jp/
スカイマーク（SKY）
♪ 0570-039-283
http://www.skymark.co.jp/ja/
ソラシドエア（SNA）
♪ 0570-037-283
http://www.solaseedair.jp/
フジドリームエアラインズ（FDA）
♪ 0570-55-0489
http://www.fujidream.co.jp/
オリエンタルエアブリッジ（ORC）
♪ 0570-064-380
http://www.orc-air.co.jp/

■ 船会社

種子屋久高速船
♪ 099-226-0128
（トッピー＆ロケット）
http://www.tykousoku.jp/
コスモライン
♪ 099-226-6628
http://www.cosmoline.jp/
折田汽船
♪ 099-226-0731
http://ferryyakusima2.com/
鹿商海運
♪ 099-261-7000
http://www.yakushimaferry.com/
マルエーフェリー
♪ 099-226-4141
http://www.aline-ferry.com/
奄美海運
♪ 099-222-2338
http://www.aline-ferry.com/
マリックスライン
♪ 099-225-1551
http://www.marixline.com/
瀬戸内町商工観光課
船舶交通係
（フェリーかけろま）
♪ 0997-72-4560

屋久島

屋久島
とはこんな島

DATA

周囲……………………132 km
面積……………………504.89 km
最高標高…1936m(宮之浦岳)
人口……………………1万2820人

1カ月に35日雨が降るといわれる
緑豊かな世界遺産の島

　九州本土最南端の佐多岬から南へ約60kmの海上に浮かぶ屋久島は、花崗岩が隆起してできた円形状の島だ。標高1936mの宮之浦岳を筆頭に、1000m級の山々が40以上も連なるため、洋上アルプスとも称される。

　推定樹齢7200年の説もある縄文杉をはじめ、島の大部分が深い原生林で覆われた屋久島は1993年に世界自然遺産に登録された。また年間降水量が山間部で8000mmを超えるほど雨が多いのも特徴的。各宿泊施設や飲食店は、島の北部の宮之浦、東部の安房周辺に集中している。

島では、海岸線近くからそびえる1000m級の山々を前岳、島中心部の1800m級の山々を奥岳と呼んでいる

せんろく鼻

A

吉田
岩屋泊

四瀬ノ鼻

P.71 民宿 屋久の子の家 H
アポロリゾート マリンブルー屋久島
P.41 いなか浜
P.71 送陽邸　田舎浜 M 屋久島うみがめ館
P.43 じゃらい亭 R　永田 P.41
永田灯台 柴とうふ店
永田岬・屋久島灯台 P.41
・横河渓谷 P.40

カンカケ岳
▲772

西部林道
(大型車通行不可)

国割岳
▲1323

竹の辻
▲1319

D

瀬切滝

屋久島原生
自然環境保全地域

太鼓岳
▲875

P.47 大川の滝
大川の滝

小楊子ヶ峰
▲295

石楠花の森公園　R 手打そば松竹 P.51
栗生橋
P.71 屋久島青少年旅行村
塚崎タイドプール・
カマゼノ鼻

後岳
▲423

中間
屋久島
フルーツガーデン
P.47 中間ガジュマル P.47
中間

G

ペンション天望山荘

城川

黒崎

ニガンノ鼻

屋久島

1:154,000

0　　　　　　　　3km

屋久島

数千年もの時を経た巨樹が
世界遺産の森に生き続ける

　周囲約130kmほどの屋久島は、海岸部と最高地点との標高差が2000m近くあり、独特な生態系が見られる。これらの自然を堪能するためにも、島の効率的な回り方と過ごし方を知っておくことが、よりよい旅をするキーポイントとなる。

HINT

屋久島への行き方

　飛行機でのアクセスは鹿児島、福岡、大阪（伊丹）からのみ（p.18参照）。船は鹿児島から、高速船「トッピー」「ロケット」と「フェリー屋久島2」「フェリーはいびすかす」（p.18参照）が運航している。

HINT

島内の交通

　島内の主な交通機関は、レンタカー、バス、タクシー。島を一周する外周道路は、車で単純に回るだけなら約3時間ほど。しかし、島西部の林道は大型車不通区間となるため、路線バスだけで島を一周することはできない。バスだけで島内を回るなら、余裕をもった日程で出かけよう。タクシーの初乗りは550円。

●レンタカーを利用する

　屋久島の島内を効率的に回るなら、断然レンタカーが便利。平均

エリアの魅力

ビーチ
★★
アクティビティ
★★★★★
グルメ
★★★★

白谷雲水峡、ヤクスギランド、縄文杉など、森の中を歩く楽しみ方が充実。サバ、トビウオなど近海物魚介類が美味。いなか浜や一湊海水浴場など、海遊びができる場所もある。

観光の問い合わせ

屋久島空港前観光案内所
📞0997-49-4010
宮之浦観光案内所
📞0997-42-1019
安房観光案内所
📞0997-46-2333
屋久島町商工観光課
📞0997-43-5900

交通の問い合わせ

🚌バス
種子島・屋久島交通
📞0997-46-2221
まつばんだ交通バス
📞0997-43-5000
🚕タクシー
まつばんだ交通タクシー
📞0997-43-5555
屋久島交通タクシー
📞0997-42-0611
安房タクシー
📞0997-46-2311

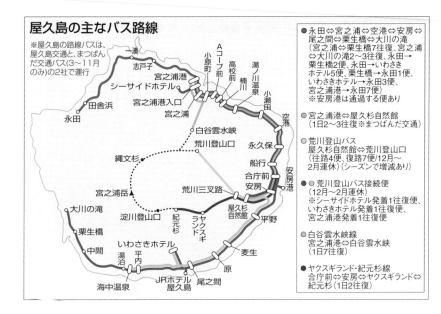

屋久島の主なバス路線

※屋久島の路線バスは、屋久島交通と、まつばんだ交通バス(3〜11月のみ)の2社で運行

（地図内の地名）
一湊、志戸子、田舎浜、永田、宮之浦港、宮之浦港入口、宮之浦、シーサイドホテル、小原町、Aコープ前、高校前、楠川、湯ノ川温泉、小瀬田、空港、白谷雲水峡、荒川登山口、縄文杉、永久保、船行、合庁前、安房、安房港、宮之浦岳、大川の滝、栗生橋、荒川三叉路、屋久杉自然館、平野、中間、湯泊、淀川登山口、紀元杉、ヤクスギランド、いわさきホテル、平内、海中温泉、JRホテル屋久島、尾之間、原、麦生

● 永田⇔宮之浦⇔空港⇔安房⇔尾之間、栗生橋⇔大川の滝（宮之浦⇔栗生橋7往復、宮之浦⇔大川の滝2〜3往復、永田→栗生橋2便、永田→いわさきホテル5便、栗生橋→永田1便、いわさきホテル→永田3便、宮之浦港→永田7便）
※安房港は通過する便あり

◉ 宮之浦港⇔屋久杉自然館（1日2〜3往復 ※まつばんだ交通）

◉ 荒川登山バス
屋久杉自然館⇔荒川登山口（往路4便、復路7便/12月〜2月運休）（シーズンで増減あり）

◉ 荒川登山バス接続便（12月〜2月運休）
※シーサイドホテル発着1往復便、いわさきホテル発着1往復便、宮之浦港発着1往復便

◉ 白谷雲水峡線
宮之浦港⇔白谷雲水峡（1日7往復）

● ヤクスギランド・紀元杉線
合庁前⇔安房⇔ヤクスギランド⇔紀元杉（1日2往復）

相場は、軽自動車で1日4500円〜7000円。店によっては、宮之浦、屋久島空港、安房への送迎や乗り捨てが無料のところや、各種割引が利用できるところもあるので、予約の際に確認するといい。ゴールデンウィークや夏期シーズンは利用者が多いので、早めの予約が望ましい。なお、縄文杉へアクセスする荒川登山口へは、3月〜11月の期間、一般車両の乗り入れが規制され、登山口手前の屋久杉自然館からシャトルバスを利用する（p.58参照）。

●バスを利用する

路線バスは「種子島・屋久島交通」と「まつばんだ交通」の2社が運行。島の外周を走る、永田〜栗生橋の路線が最も長距離で、そのうち宮之浦港⇔いわさきホテルを結ぶ便が1日13往復と便数が多い。途中、宮之浦港や空港を経由し、安房港は船の時刻に合わせて停車。宮之浦港⇔大川の滝の便も1日2〜3往復ある。

山間部へアクセスするバスとしては、宮之浦港⇔白谷雲水峡1日7往復、安房の合庁前⇔紀元杉の1日2往復。

なお、縄文杉への玄関口となる荒川登山口へは、屋久杉自然館から1日4便（帰路は7便）運行していて、乗車券は片道690円。早朝に屋久杉自然館へ到着するバスは、宮之浦方面からはシーサイドホテル発の便（種子島・屋久島交通）と、宮之浦港発の便（まつばんだ交通）がある（12月〜2月は運休）。また、島の南部からはいわさきホテル発の便（種子島・屋久島交通）が、早朝の荒川登山口行きバスに接続して運行（12月〜2月は運休）。

路線バスの時刻表は、屋久島観光協会のホームページなどでも閲覧できるので、旅行前に最新の情報を確認しておこう。

🚗 レンタカー
カミヤマレンタカー
📞0997-49-7070（安房）
寺田レンタカー
📞0997-42-0460（宮之浦）
デスティーノレンタカー
📞0997-42-1100（宮之浦）
トヨタレンタカー
📞0997-42-2000（宮之浦）
タイムズカーレンタル
📞0997-43-5700（空港）
スズキレンタリース
☎0120-801-772（宮之浦）
オリックスレンタカー
📞0997-43-5888（空港）
まつばんだレンタカー
📞0997-43-5000（空港）
🚲レンタバイク・サイクル
YOU SHOP 南国（バイク）
📞0997-46-2705（安房）
屋久島観光センター
（サイクル）
📞0997-42-0091（宮之浦）

屋久島

屋久島を上手に旅するヒント

屋久島の周囲は約130km。バス利用の場合、島一周はできないが、いなか浜、平内海中温泉、大川の滝などへはアクセスできる。

なお、白谷雲水峡へ行くなら宮之浦を、縄文杉トレッキングやヤクスギランドなら安房を活動拠点にすると便利。飲食店などは、宮之浦と安房に集中している。

●船旅の場合は発着港を確認

島内には宮之浦と安房に港があり、両港の間は車で約25分。だが、両集落を結ぶバスは1日13便程度(うち安房港に発着するバスは5便ほど)であり、タクシー利用なら5500円ほどかかる。宿泊地や旅行プラン、時間などを考慮して、どちらの港の方が便がいいか検討しておこう。

●ネイチャーツアーを予約する

縄文杉トレッキング(p.58)や、白谷雲水峡(p.44)ばかりではなく、安房川カヤックツアーなど、屋久島で楽しめるアクティビティは種類も豊富だ。

屋久島の自然をしっかりと楽しみたいなら、ぜひネイチャーガイドの案内を受けながらの散策や体験をしてみよう。島内東部には、ツアーガイドのショップが点在しているので(p.55)、ホームページなどでお気に入りのツアーを探そう。

TEKU TEKU COLUMN

屋久島の天然水でのどを潤す

水の豊富な屋久島だけあって、島内に湧水スポットは数多い。大川の滝(p.47)バス停の近くにある大川湧水は、外周道路沿いでアクセスしやすい。その他、白谷雲水峡(p.44)入口より少し手前の車道沿いにある益救雲水や、紀元杉(p.57)付近にある紀元命水などが知られている。

西部林道は運転に注意!

ヤクシカやヤクザルを頻繁に目にすることができる西部林道。外周道路では唯一、世界遺産に登録されているエリア。しかし道路が狭く、カーブも多いので運転には注意が必要だ。また永田から栗生間には飲食店などがないので、飲物や弁当類を用意して回るようにしよう。

いなか浜
永田
●屋久島灯台
横河渓谷
西部林道
国割岳
▲1323
大川の滝
大川の滝
栗生橋
中間

屋久島コンビニ事情

島内には「エムマート」が宮之浦と外周道路沿いの愛子岳登山道入口に1軒ずつある。営業時間はいずれも朝7〜8時から夜22〜23時といった具合。食料品から文房具、酒類を夜遅くまで取り扱っているコンビニは旅行者の強い味方。

一湊
志戸子ガジュマル公園

宮之浦
宮之浦港
アイショップ

宮之浦川

楠川温泉

エムマート
屋久島町役場
屋久島空港
天然温泉　縄文の宿まんてん

白谷雲水峡

愛子岳
1235▲

縄文杉
ウィルソン株

永田岳
1886▲
宮之浦岳
▲1936

荒川登山口

安房川

黒味岳
▲1831

太忠岳
▲1497

安房　安房港

ヤクスギランド　屋久杉自然館
紀元杉　紀元杉　屋久杉ランド

七五岳
▲1488

鯛ノ川

平野

モッチョム岳
940▲
千尋の滝

尾之間温泉
尾之間
湯泊温泉
平内海中温泉
JRホテル屋久島

路線バスで島内を旅したい人は…

　種子島・屋久島交通のバスでは、1日乗車券2000円、3日乗車券が3000円、4日券4000円を発売している。ただし、縄文杉への登山口にアクセスする荒川登山バスや、定期観光バス「ゆうらんバス」では利用不可。観光案内所（宮之浦港・空港前・安房）や一部の宿泊施設などで取り扱っている。なお、まつばんだ交通の路線バスでは利用できないので注意。

屋久島

HINT

安房の宿泊地での注意点

　縄文杉トレッキングの玄関口でもある安房には、早朝出発の旅行者が多い。旅館や民宿に泊まる場合は、夜騒ぎ過ぎて他の宿泊客に迷惑をかけないようにしよう。旅の思い出を宵越し語りたい場合は、町のバーや居酒屋で。

平内海中温泉での入浴は1日6時間

　太平洋の大海原を目前に楽しむことができる平内海中温泉は、1日2回ある干潮の前後1時間半（計6時間）のみ入浴可能。干潮時間を知るためには、屋久島町観光商工観光課（☎0997-43-5900）や観光案内所（☎0997-46-2333／安房）で確認しよう。
　また、時間を気にせずに海辺の野趣あふれる温泉を楽しみたいなら、湯泊温泉（p.48）で。ただし、湯は少しぬるめなので、入浴に適しているのは春から秋にかけてまで。

屋内の温泉施設

　野外温泉の他に、楠川温泉（p.41）や尾之間温泉（p.48）などの大衆浴場、日帰り温泉入浴ができるホテルもある。入浴料はJRホテル屋久島（p.68）が1400円／15:00～19:00、縄文の宿まんてん（p.71）は1600円／11:00～22:00。
　JRホテル屋久島の浴場は、アルカリ性単純温泉で肌がすべすべになる。

35

知っていると便利な島情報

屋久島で快適に過ごそう

早朝トレッキングの際の弁当購入術をはじめ、
レインコートや登山靴のレンタル方法など、
屋久島でさらに快適に過ごすための情報を掲載。

HINT 屋久島に到着したらまずは観光案内所へ!

屋久島を旅行する上で、非常に心強いのが観光案内所の存在だ。島内には3カ所、旅の玄関口である屋久島空港、宮之浦、安房にそれぞれ観光案内所が設置されており、島内地図やバスの時刻表、各観光スポットの資料などを手に入れることができる。

各案内所では他にも、宿泊施設やネイチャーガイドの紹介、平内海中温泉の入浴時間(干潮時間)など、島内を旅するのに役立つ情報を教えてくれる。場所は屋久島観光協会は屋久島空港を出てすぐ左側、宮之浦案内所は港の待合所内、安房案内所は安房港近くのエコタウンあわほ内にある。快適に屋久島を旅するために、各案内所を大いに活用したい。

HINT 屋久島トレッキングには早朝弁当店が便利

縄文杉トレッキングなどへ行く際、早朝に出発することになる。そこで重宝するのが、朝早くからオープンしている弁当店。島内には宮之浦と安房にそれぞれ人気の弁当店があり、朝の4時台から営業している(→p.54参照)。ただし早朝弁当を購入するに際には、前日の夜8時ごろまでに各店に予約する必要がある。

HINT トレッキング用品のレンタルショップを紹介

屋久島には壮大な自然の中で楽しむアクティビティが多い。そこで気になるのが装備面。一回り大きいリュックがほしい、トレッキングの時だけ登山靴を履きたい、レインコートを忘れてしまった。そんな際に、大いに役立つのが、トレッキング用品のレンタルショップだ。

宮之浦の「ナカガワスポーツ」「屋久島観光センター(地図p.41／☎0997-42-0091)」や、安房の「山岳太郎(地図p.49／☎0997-49-7112)」「森のきらめき(地図p.49／☎0997-49-7101)」は軽登山にも対応できるほど用品の品揃えが豊富。また安房郊外の「カ

空港前観光案内所
☎0997-49-4010
🗺地図p.31-F
🕘9:00〜18:00
㊡無休
宮之浦観光案内所
☎0997-42-1019
🗺地図p.41
🕘9:00〜17:00
㊡無休
安房観光案内所
☎0997-46-2333
🗺地図p.49
🕘8:30〜18:00
㊡無休

各店の弁当を食べ比べるのも楽しい

ナカガワスポーツ
☎0997-42-0341
🗺地図p.41
🕘9:30〜18:30
(レンタルは18:00まで)
㊡水曜(8月は無休、祝日の場合は翌日休業)
🅿あり

ミヤマレンタカー」は車を借りなくとも、用品がレンタルできる（事前予約で割引あり）。いずれもレンタル料金は登山靴が1000円、ヘッドライトが500円、レインスーツが1000円程度。

⚠HINT 屋久島コインランドリー活用術

　1週間以上の滞在、あるいは雨に降られて着替えがなくなってしまった場合には、島内のコインランドリーを利用するのも手だ。宮之浦に「ぽかぽか」、安房に「クリア」などのランドリーがある。

⚠HINT 野生動物観察の際のマナーと注意点

　島内の自然景勝地、特に西部林道ではヤクザルやヤクシカの姿を頻繁に目にする。しかしかわいいからといって、絶対に餌は与えないこと。彼らの生態系を乱して、人間や農作物への被害が生じる怖れがある。また島内北部のいなか浜や前浜では、5月～7月後半に、産卵のために数多くのウミガメが上陸する。産卵する母ガメは非常に神経質。観察の際はむやみにビーチを歩き回ったり、直接ライトで照らさないこと。

⚠HINT 自分だけの屋久島グッズを作ってみよう！

　「屋久島 草思園（そうしえん）」では、苔玉作りが体験できる。島を象徴する植物トキワシノブを水苔で固めて、可愛い観葉植物を作る。作って、見て、心が癒される一品だ。コケ玉教室は2鉢で1人1000円、所用時間は40分～1時間ほど。コロナ禍が収まるまで休止。

　他にも「屋久島焼 新八野窯」では手びねりの屋久島焼き（2000円～／体験は水～金曜）で陶芸体験、「ウッドショップ 木心里」や「杉の舎」では屋久杉グッズの木工体験が楽しめる（→P.67）。

⚠HINT 山岳帯へ行く場合は環境保全協力金を！

　屋久島では山岳帯へ行くのなら、環境保全協力金をお願いしている。日帰り入山の場合は1000円、山中で宿泊をする場合は2000円。早朝、荒川登山口や淀川登山口で受付をしている。

　白谷雲水峡は雲水峡エリアだけの散策ならば通常の500円、縄文杉ルートや宮之浦岳へと足をのばすときは上記協力金が適用される。受付はいずれも白谷雲水峡管理棟にて。

カミヤマレンタカー
☎0997-49-7070
📍地図p.31-F
🕐9:00～19:00
休無休

コインランドリー
ぽかぽか
📍地図p.41
🕐24時間営業
コインランドリー
クリア
📍地図p.49
🕐24時間営業

ウミガメ観察時は静かに。フラッシュも厳禁だ！

屋久島 草思園（そうしえん）
☎080-8736-8621
📍地図p.31-I
安房港から🚗9分
🕐10:00～17:00
休木曜（事前に要連絡）
Pあり

屋久島焼 新八野窯
☎0997-47-2624
📍地図p.31-H
安房港から🚗30分
🕐8:30～18:30
休不定
Pあり

知っていると屋久島が何倍も楽しくなる！

屋久杉観察の基礎知識

縄文杉に大王杉、紀元杉に弥生杉……。
島内には個性的な屋久杉が数多く点在している。
屋久杉に関する知識を覚えて、屋久島の散策を楽しもう。

 HINT

屋久杉ってどんな杉？

屋久島に数多く自生している杉の中でも、樹齢1000年以上の杉を"屋久杉"、数百年の若木を"小杉"と呼び分けている。一般的に杉の寿命は約500年とされているが、島内には樹齢2000年を超える杉も少なくない。雨が多く水には恵まれているものの、栄養分の乏しい花崗岩の地盤で生育している屋久杉は、長い時間をかけてゆっくりと成長していく。それゆえに年輪の間隔が狭く、材質が緻密で強度も高いのが特徴だ。

また樹脂分が多く、丈夫で腐りにくいことから、昔から良質の木材として重宝されてきた。特に今から400年前の江戸時代には、屋久杉は島津藩の専売品として島のあちこちで切り倒され、幕末までには島内の5～7割が伐採されたといわれている。ちなみに縄文杉や弥生杉は、枝の分かれ具合や複雑な幹の形状などから、当時は木材に不適とされて切り残された屋久杉なのだ。

大株歩道で見られる大王杉

着生

植物が岩の上で生育する場合と同様に、単に樹の上に根を這わせて育っていく現象。紀元杉のように20種類以上の植物が着生するケースもある。ヤドリギなどに見られる、宿主の栄養分を吸収する"寄生"とは大きく異なる。

屋久杉の幹に根を絡ませて成長しているヤマグルマ。その過程で時には杉を枯らすこともある

土埋木

屋久杉は樹脂分が高いため、江戸時代に伐採された杉の残材が、今でも腐らずに森の中に残っているものが多い。それらを土埋木と呼び、屋久杉工芸品の材料にもなっている。

更新
<ruby>更新<rt>こうしん</rt></ruby>

屋久島の深い森の中では日光が遮られて、若い杉はなかなか成長することができない。ところが伐採や自然災害などで巨木が倒れたりすると、そこに光が当たり、若い杉にも生育する機会が訪れる。このような杉の世代交代を"更新"と呼ぶ。

倒木は後に朽ちて空洞になることがある。縄文杉ルートにある三代杉がその代表例だ

ヤクスギランドで見られる切り株更新の例

倒木上更新

自然災害などで樹木が倒れると、それまで日光が遮られていた場所にも日が当たり、時には倒木の上に新しい生命が育ち始める。

着生　　10〜20年後　　数百年後　　倒木が朽ちてなくなることも…

切り株更新

樹木を伐採した後、倒木上更新と同様にそれまで遮断されていた日光が差し込み、日の当たりやすい切り株の上に若い木々が根づくことがある。

伐採　　着生　　10〜20年後　　数百年後

試し切り
<ruby>試<rt>ため</rt></ruby>し<ruby>切<rt>ぎ</rt></ruby>り

江戸時代に屋久杉を伐採して運び出す際、小さな板に分割する必要があったので、加工しやすい木目の真っ直ぐな杉がよいとされた。そこで木の材質を判断するために、試し切りを行った。今でもその切り跡を残す屋久杉がある。

合体木
<ruby>合体木<rt>がったいぼく</rt></ruby>

癒合しやすい性質を持っている杉は、時に何本かが接合して成長することがある。これを合体木と呼び、大株歩道沿いの夫婦杉やヤクスギランドの母子杉がその代表例として知られている。

2本の枝が高さ約10mのところで癒合している夫婦杉は珍しい合体木

通常は母子杉のように根元部分が合体することが多い

屋久島北部

屋久島空港やフェリーの発着港・宮之浦<ruby>宮<rt>みや</rt></ruby><ruby>之<rt>の</rt></ruby><ruby>浦<rt>うら</rt></ruby>がある北部は世界遺産への玄関口。苔むす森が幻想的な白谷雲水峡や淡いブルーに輝くいなか浜など、美しい景勝地が多い。

見る＆歩く

屋久島環境文化村センター
やくしまかんきょうぶんかむらセンター

地図 p.41
宮之浦港から 🚶 5分

屋久島の自然や文化に関する情報展示施設。写真やパネル、映像を使い、島の気象や動植物、自然と人々のかかわりなどを紹介。特に14m×20mの大型スクリーンに映し出される自然映像は必見だ。

🎵 0997-42-2900
🕘 9:00〜17:00（入場は16:30まで）
🈺 月曜（祝日の場合は翌日、4/29〜5/5、7〜10月無休）
💰 入館無料、観覧料530円 🅿 あり

屋久島町歴史民俗資料館
やくしまちょうれきしみんぞくしりょうかん

地図 p.41
宮之浦港から 🚗 4分

屋久島の歴史と島民の生活史を紹介している資料館。館内ではトビウオ漁、屋久杉の伐採方法などを写真やパネル、さらに実際に使用された道具を展示して、わかりやすく解説している。

🎵 0997-42-1900
🕘 9:00〜17:00 🈺 月曜
💰 入館料100円 🅿 あり

志戸子ガジュマル公園
しとごガジュマルこうえん

地図 p.31-B
宮之浦港から永田行きバスで10分、
🚏 志戸子下車 🚶 5分

ガジュマル自生地の北限とされる自然公園。園内には無数の気根を垂れ下げた推定樹齢300〜400年、樹高15mという島内一の大ガジュマルをはじめ、ハマビワやクワズイモなどが密生している。

🎵 0997-42-0079
🕘 8:30〜17:00（4〜8月は18:30まで）
🈺 無休 💰 入園料200円 🅿 あり

愚角庵
ぐかくあん

地図 p.31-B
宮之浦港から 🚗 25分

『聖老人』『祈り』などの著書がある、作家の故山尾三省<ruby>山<rt>やま</rt></ruby><ruby>尾<rt>お</rt></ruby><ruby>三<rt>さん</rt></ruby><ruby>省<rt>せい</rt></ruby>。彼が2001年に亡くなるまでの20余年間、白川山集落内で実際に使用していた書斎。内には愛用の文具や祭壇が生前のまま残されている。

🎵 0997-44-2763、0997-44-2779（見学は事前に要予約） 🅿 なし

横河渓谷
よっごけいこく

地図 p.30-D
宮之浦港から 🚗 30分

永田川の中流にある美しい渓谷。花崗岩の巨石が点在し、その間を透明度の高い清水が悠々と流れている。夏場は渓谷の地形を活かした自然のプールで、水遊びをするのも楽しい。ただし、雨天の後は増水に注意したい。

いなか浜／屋久島うみがめ館

いなかはま／やくしまうみがめかん

地図p.30-A
宮之浦港から永田行きバスで30分、
♀田舎浜下車🚶1分

　永田にある「いなか浜」は淡青色に輝く海と約800mも続く白砂が奇麗な島内屈指のビーチ。ウミガメ産卵地としても名高く、5〜7月には多くのウミガメが上陸する。近くにある「屋久島うみがめ館」では、カメの生態、産卵やふ化に関する貴重な資料を展示。ウミガメの生態調査や保護活動も定期的に行っている。

♪ 0997-45-2004　🕘9:00〜17:00
㉡ 火曜（10〜2月不定休・要問合）
💰 入館料300円　http://www.umigame-kan.org/
Ⓟあり　※コロナ禍が収まるまで休館

屋久島灯台

やくしまとうだい

地図p.30-A
宮之浦港から🚗35分

　永田岬の断崖に立つこの灯台は、1897年の設立以来、島の海の安全を見守り続けてきた。ここから眺める口永良部島に落ちゆく夕日はあまりにも美しい。

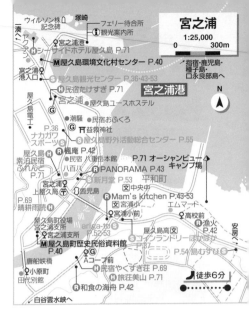

屋久島総合自然公園

やくしまそうごうしぜんこうえん

地図p.31-B
宮之浦港から🚗12分

　屋久島の固有植物を観賞するために整備された自然公園。育苗室では、ヤクシマシャクナゲやヤクシマショウマといった、島の固有植物30種以上の苗木を育成している。一部の植物は購入可。山に登らずとも、島の珍しい植物に出合える。

♪ 0997-42-2727　🕘8:30〜17:00　㉡無休
💰 入園自由（野生植物園は入園料300円）
Ⓟあり

楠川温泉

くすかわおんせん

地図p.31-C
宮之浦港から🚗10分

　空港から宮之浦へ行く途中にある共同浴場。単純泉の冷泉を沸かした温泉で、浴槽は8人程度が入浴できる大きさ。神経痛や打ち身、リウマチに効能あり。

♪ 0997-42-1173
🕘9:00〜20:00（19:15最終受付）
㉡不定休　💰入浴料300円　Ⓟあり

買う＆食べる

宮之浦／和食＆郷土料理

和食の海舟
わしょくのかいしゅう

地図p.41
宮之浦港から🚗5分

　宮之浦にある評判の和食と郷土料理の店。人気No.1メニューは、トビウオの唐揚げと刺身、つけ揚げに茶碗蒸しなどが付いた、とび魚唐揚げ定食（1600円）。

　唐揚げは魚を3枚におろした後、丁寧に小骨を取って切ってから揚げるので、女性にも食べやすいと好評だ。

　ほかにも、刺身盛り合わせ（1500円）や屋久とろ（500円）、などもおすすめ。

📞 0997-42-1160
🕐 11:30〜14:00、
　17:30〜22:00
🈺 不定　Ｐあり

宮之浦／レストラン・カフェ

レストラン＆ワインバー
ヒトメクリ.

地図p.31-C
宮之浦港から🚗6分

　自家製の燻製（トビウオスモークやベーコン）を使ったパスタは1100円〜。ヤクシカソーセージ（1000円）もおいしい。手作りスイーツは500円。自然派ワインも豊富だ。店内では屋久島の関連書やクリエーターの作品を展示・販売。

📞 0997-42-2772
🕐 11:30〜21:00
🈺 月・火曜　Ｐあり

宮之浦／大衆割烹

漁火
いさりび

地図p.41
宮之浦港から🚗5分

　島内でも1、2の人気を争う大衆割烹店。特に試してみたいのが、白身魚のとろろ蒸し（750円）。屋久島名産のサバを使ったサバ茶漬け（850円）やトビウオの姿揚げ（750円）も人気の一皿。島の芋焼酎は一合550円から。

📞 0997-42-1088
🕐 17:00〜22:00
🈺 水曜　Ｐあり

空港周辺／イタリア料理

イタリア料理 イルマーレ
イタリアりょうり イルマーレ

地図p.31-F
空港から🚢2分

　本格的なイタリア料理が堪能できるレストラン。島の山菜や魚介類などの食材に、本場イタリアのチーズや塩を巧みに調和させている。各種パスタまたはピッツァのランチセットは、前菜とパン、ドリンク付きで1600円〜（デザートは＋250円）。黒豚ステーキがメインのディナーコースは5400円（前日まで要予約）。

📞 0997-43-5666
🕐 11:30〜15:00（OS14:00）、
　18:00〜21:00（OS20:00）
🈺 木曜　Ｐあり

宮之浦／そば・うどん

楓庵
かえであん

地図p.41
宮之浦港から🚢12分

　そばとうどんがおいしい店。おすすめはサバ節でとった濃厚なダシ汁に、無添加の自家製麺と屋久とろ（屋久島のとろろ）を使った、山かけそば（900円）。屋久島ラーメン（1200円）も。

📞 0997-42-0398
🕐 11:00〜15:00
🈺 不定
Ｐあり

志戸子／カフェ

Kiina
キーナ

地図p.31-B
宮之浦港から🚗15分

古民家を改装した雰囲気の
いいカフェ。島産のサバ節や
自家製トビウオのすり身を素
材にしたフォカッチャサンド
（500円）、ホットサンド（700
円）、本日のキッシュ（400円
〜）がおすすめ。

☎080-8576-4830（営業時間のみ）
🕐11:00〜16:00（8月は 17:00）
🈳月・火・日曜（臨時休あり）
Ｐあり

永田／和定食

じゃらい亭
じゃらいてい

地図p.30-A
宮之浦港から🚗31分

いなか浜近くの和定食屋。
人気は豚カツとじに、でんぷ
ん団子や豆腐などがついたじ
ゃらい定食（1100円）。ほかに
トビウオの唐揚げ、つけ揚げ
がついた屋久島定食など、お
ふくろの味を感じる風味。

☎0997-45-2078
🕐11:00〜14:00、
18:00〜20:00
🈳月曜（12〜2月も休）

宮之浦／創作レストラン

PANORAMA
パノラマ

地図p.41
宮之浦港から🚗3分

洒落た雰囲気の店内でオナ
ーシェフ藤森さんの創作料理
が堪能できる。人気はトビウ
オの唐揚げ（750円）、黒豚骨
付きカルビ焼（800円）、自家
製キビナゴのアンチョビを使
ったバーニャカウダ（900
円）。スイーツも充実。

☎0997-42-0400
🕐11:00〜14:00（OS13:30）
18:00〜23:00（OS22:30）
🈳水曜　Ｐあり

一湊／珈琲

一湊珈琲焙煎所
いっそうこーひーばいせんじょ

地図p.31-B
宮之浦港から🚗16分

自家焙煎
コーヒー豆
の店。豆は
100gで650
円、200gで
1200円。携
行型のコー

ヒープレスやミルを買えば、
旅先でも至福の一杯が味わえ
る。落ちついた雰囲気の店内

でもコーヒーが味わえる（本
日のコーヒー350円）。

☎0997-49-5945
🕐13:00〜18:00
🈳火・水曜　Ｐあり

空港周辺／茶

お茶工房 八万寿茶園
おちゃこうぼう はちまんじゅちゃえん

地図p.31-F
空港から🚗4分

茶の産地で
もある屋久島。
ここでは自然
肥料＆無農薬
で栽培した茶
を販売。味に
コクのある有機屋久島茶（→
P.53）や有機屋久島紅茶（640
円）はみやげにも最適。店で抹
茶アイスクリーム（200円）も
味わえる。

☎0997-43-5330
🕐8:30〜17:00
🈳不定　Ｐあり

宮之浦／食品・雑貨

屋久島観光センター
やくしまかんこうセンター

地図p.41
宮之浦港から🚶6分

屋久杉工芸品やポンカン製
品、サバ節といった島の特産
品が所狭しと並ぶ。フロアの
一角では、観光案内や登山届、
宿泊の予約も受け付けている。
2Fに郷土料理レストランも
ある。

☎0997-42-0091
🕐8:00〜19:00（8〜9月は
21:00まで／要問合せ）
🈳無休　Ｐあり

屋久島

白谷雲水峡を歩く

苔むす森と美しい渓谷が見事に調和

雲水峡の名勝・飛流おとし。花崗岩の大岩の間を清流がダイナミックに流れ落ちる

道に迷わないように、エリア内には随所に道標やピンクのリボンを設置

さまざまな種類のコケが雲水峡一帯を覆う。その最たる空間が苔むす森

幻想的な緑の森を散策する

　宮之浦から車で約40分。標高800mの白谷川流域に広がる白谷雲水峡は実に神秘的な空間だ。入口から二代大杉までの15分間は、大小多数の滝が点在する清流のエリア。特に大きな花崗岩の谷を清流がしぶきを上げて落ちる、白たえの滝や飛流おとしは必見。二代大杉から道幅の狭い原生林歩道を登ると木根が特徴的な三本足杉や、サクラツツジなどが着生した奉行杉が見えてくる。この間の渓流沿いは苔むす岩と清流が見事に調和した景観が続く。ただし雨天時は増水に注意。

　奉行杉からくぐり杉へ進み、楠川歩道の分岐で左折すれば入口へ戻る原生林コース。分岐を右折して白谷小屋（入口から約2時間）を過ぎ、辻峠まで40分ほどの道程は、映画『もののけ姫』の参考になったともいわれる深い森が広がり、コケやシダ類が辺り一面を覆っている。

　時間に余裕があれば、さらに太鼓岩まで足を運び、岩上から奥岳や屋久島の森を眺めてみよう。白谷雲水峡は暗くなるのが早いので、夏は午後5時、冬は午後4時には入口に戻れるプランを立てたい。

弥生杉へは入口を過ぎて右手の木道を上るルートを進む

白谷雲水峡

📞0997-42-3508　📍地図p.31-E

●アクセス／宮之浦港から白谷雲水峡行きバスで約40分。車の場合は屋久島空港から約45分、または宮之浦港から約30分。

●入園料（森林整備協力金）500円　※ヤクスギランド利用していると200円の割引券あり

●施設／管理事務所、トイレ、駐車場約40台

●備考／雨天時は増水で、ルートが通れなくなることもある。入園前に管理棟で確認のこと。

●問い合わせ／屋久島レクリエーションの森保護管理協議会

白谷雲水峡 コースガイド

MAP

↑宮之浦へ

弥生杉コース（約1時間）
苔むす森コース（約2時間40分）
奉行杉コース（約3時間）
原生林コース+太鼓岩往復（約5時間）

益救雲水 🚰

弥生杉
強風の影響で樹皮がはがされている。
樹高26.1m、胸高周囲8.1m、推定樹齢3000年

入口 (標高622m)

この先行き止まり ⊗

P

🚻 WC

二代大杉
江戸時代に切られた株の上に、新たに杉が生えはじめた二代杉

管理棟 🏠

白谷雲水峡バス停

ひりゅう橋
ここから見た飛流おとしが美しい

白たえの滝

屋久島の山をここから縦走するなら、こちらで入山届を提出

↑二代大杉

二代大杉

↑三本足杉

びびんこ杉　三本足杉

さつき吊橋

飛流おとし
花崗岩の割れ目を白谷川の清流がダイナミックに流れ落ちる

↑憩いの大岩
花崗岩の巨大な一枚岩。滝を眺めながら一休み

三本槍杉

原生林歩道

増水時注意！

スギゴケなど多くのコケ類が見られる

奉行杉

↓くぐり杉

二代くぐり杉

くぐり杉

苔むす石と清流の美しいエリア

↑奉行杉

↑白谷小屋
(標高825m)
無人の避難小屋。水場があり、中にトイレも完備

携帯トイレブース

WC 🚻

白谷小屋 🚰

七本杉

くぐり杉

↓太鼓岩
抜群のビュースポット。天気が良いと奥岳(屋久島中心部の山々)の姿を望むことができる

↓苔むす森
森の中が一面、コケやシダに覆われて幻想的な雰囲気を醸し出す。コケを傷つけないように歩こう

苔むす森
(標高900m)

楠川歩道

急な上り坂を約15分歩く。太鼓岩への道は一方通行

辻峠
(標高979m)

太鼓岩

↓縄文杉へ

屋久島南部

紀元杉やモッチョム岳、千尋の滝など雄大な自然美の多い島内南部。活動拠点となるのは昔、屋久杉の積出港としてにぎわった安房周辺。平内や湯泊には温泉もある。

見る＆歩く

屋久島町立屋久杉自然館

やくしまちょうりつやくすぎしぜんかん

地図p.31-F
空港から🚗16分　安房港から🚗8分

　屋久杉について造詣を深めたいなら、この屋久杉自然館に足を運ぼう。屋久杉の特徴や江戸時代に盛んに行われた伐採の歴史、それにまつわる人々との関わりなどがこと細かに解説されている。また平成17年12

月に、大雪で折れた縄文杉の一部"いのちの枝"や、縄文杉の実寸大写真なども展示。ミュージアムショップでは屋久島や屋久杉関連の書籍も販売している。

📞 0997-46-3113　🕘 9:00〜17:00
🈳 第1火曜　💰 入館料600円
🅿 あり

屋久島世界遺産センター

やくしませかいいさんセンター

地図p.31-F
空港から🚗16分　安房港から🚗8分

　屋久島の調査研究や普及活動の拠点として建てられた施設。館内では島の植物や野生動物に関する情報をパネルで紹介している。

📞 0997-46-2992　🕘 9:00〜17:00
🈳 無休(12〜2月は土曜休)
💰 入館無料　🅿 あり

千尋の滝

せんぴろのたき

地図p.31-I
空港から🚗30分　安房港から🚗20分

　屋久島の滝の中でも、最も壮大な景観を誇るのが千尋の滝だ。巨大な花崗岩の一枚岩(約400m×200m)を中心に形成されたV字型の峡谷に、約66mの高さから清流が落下する光景には思わず言葉を失う。展望台入口までは車でアクセスが可能だ。

トローキの滝
トローキのたき

地図 p.31-I
空港から🚗25分　安房から🚗15分

　日本国内では珍しい、川の水が海へと落ちていく滝。鯛ノ川から流れる落差約6mの滝の背景には奇峰・モッチョム岳が悠々と構え、実にフォトジェニックな景観を演出している。眺望ポイント付近の道は整備されていないので、特に雨天時は注意して歩くようにしよう。

中間ガジュマル
なかまガジュマル

地図 p.30-G
空港から🚗1時間

　島内南部の中間川沿いには巨大なガジュマル群が繁茂している。特に樹齢300年以上とされるアーチ状の大ガジュマルがある中間橋付近は絶好の観察スポット。

屋久島フルーツガーデン
やくしまフルーツガーデン

地図 p.30-G
空港から🚗1時間

　熱帯ジャングルを彷彿させる花と果実の楽園。広大な敷地内には、パパイヤやマンゴー、アダンやヒカゲヘゴなど約1600種類の熱帯植物が生い茂る。希望者にはスタッフが園内ガイドをしてくれる。また売店では、自家製のたんかんジュースやグァバジュースなど季節のジュース、手作りジャム（500円）などを販売している。

📞 0997-48-2468
🕐 8:30〜16:30
休 無休　💰 入園料500円
P あり

大川の滝
おおこのたき

地図 p.30-D
空港から🚗1時間10分

「日本の滝百選」にも選出された屋久島最大の滝。高さ約88mの断崖から、清流がしぶきをあげてダイナミックに落下する。特に雨上がりの豪瀑ぶりは圧巻。大川の滝バス停付近では名水「大川湧水」が飲める。

屋久島の温泉

島の南部にある自然に包まれたいで湯

西日本火山帯の南端となる屋久島では
温泉も楽しめる。特に目前に太平洋を望む
平内と湯泊の温泉は要チェック！

尾之間温泉
おのあいだおんせん

モッチョム岳の麓にある小杉
造りの浴場。透明度の高い熱
めの湯に入浴すれば肌がツル
ツルに。効能はリウマチなど。

☎ 0997-47-2872
🕐 7:00〜21:30
　（月曜12:00〜）
休 不定　￥ 入浴料200円
📍 地図p.31-H
安房港から🚗25分

湯泊温泉
ゆどまりおんせん

湯泊の海岸にある露天岩風
呂。湯がぬる目なため、ベスト
シーズンは春と秋。男女別の
仕切りが付いた浴槽の他、離
れに2つの小浴槽がある。単
純硫黄泉で効能は神経痛な
ど。太平洋の大海原を眺めな
がらの入浴は格別だ。

入り口付近に新設の更衣室＆トイ
レを完備。駐車場もある

☎ 0997-43-5900
　（屋久島町商工観光課）
￥ 寸志200円
📍 地図p.31-H
安房港から🚗38分

平内海中温泉
ひらうちかいちゅうおんせん

海中から源泉が湧き出すユ
ニークな温泉。満潮時は浴槽
が水没してしまうので、1日

2回の干潮時だけ入浴が可能
（観光課などで確認のこと）。
泉質は単純硫黄泉で神経痛・
リウマチに効能あり。ちなみ
に水着着用は禁止。

☎ 0997-43-5900
　（屋久島町商工観光課）
￥ 寸志200円
📍 地図p.31-H
安房港から🚗35分

浴槽は土足厳禁。マナー
をきちんと守って入浴
したい

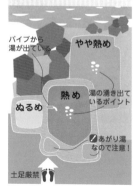

パイプから
湯が出ている

やや熱め

熱め

湯の湧き出て
いるポイント

ぬるめ

あがり湯
なので注意！

土足厳禁

買う＆食べる

安房／郷土料理
れんが屋
れんがや

地図p.49
安房港から🚶3分

屋久島の海の幸と鹿肉料理が堪能できるレストラン。おすすめは牛肉・鹿肉・豚肉の焼き肉3種に、鹿たたき、島産車えび、山菜の盛り合わせが付いたれんが屋定食（2600円）。

📞 0997-46-3439
🕐 11:00～14:00（要予約）、18:00～21:00（OS）
🈳 不定 🅿 あり

安房／喫茶店
Cafe Smiley
カフェ スマイリー

地図p.49
安房港から🚶8分

自家製のデザート類が評判の喫茶店。人気はなめらかプリン（440円）やチーズケーキ（495円～）。他にマフィンサンド（473円～）などもおいしい。野外テラスもあるので、晴れた日は安房港を眺めながら、一息つきたい。

📞 0997-46-2853
🕐 9:30～18:00
🈳 火曜 🅿 あり

安房
1:25,000
0　　　300m
🚶 徒歩6分

宮之浦へ
コインランドリークリア P.37
きらんくや P.50
旅人の宿まんまる P.71
合同庁舎
合庁前
れんが屋 P.49
ホテルオーベルジュ P.71
安房小
P.36・95・屋久島ガイドオフィス 山岳太郎
エコタウンあねは
観光案内所
Aコープ
安房どん
ヒロベーカリー
日ノ出弁当 P.54
屋久島町役場安房支所
安房局
旅客待合所
素泊民宿里町 P.71
漁協
トッピー乗船場
民宿水明荘
安房警察署
安房港
P.36・65 アウトドア屋久島ガイドシステム
森のきらめき P.36
かもがわ
Smiley P.49
西之表へ
散歩亭 P.49
浮雲の宿
つほね
モスバーガー
民宿あんほう P.70
盛久神社
ホテル屋久島山荘
安房大橋
飯・居酒屋やしま
じいじ家 P.49
本坊酒造 P.67
安房中
癒しの館「つわんこ」P.70
貯木場
尾之間へ
屋久島

安房／創作和食
じいじ家
しいじや

地図p.49
安房港から🚶11分

古民家を改築した趣きのある店内で、屋久島産の食材を活かした創作料理が味わえる。人気メニューはトビウオのすり身にパン粉をつけて揚げたトッピーギョロッケ（680円）や身体に優しい屋久島ウコン餃子（580円）。

📞 0997-46-3087
🕐 18:00～23:00
🈳 無休 🅿 あり

安房／ダイニング＆バー
散歩亭
さんぽてい

地図p.49
安房港から🚶15分

安房川沿いにあるダイニングバー。心地よいジャズが流れ、落ち着いた雰囲気。ランチはサラダとメイン2種からチョイス、夜はビールや焼酎、種類豊富なカクテル類が楽しめる。屋久島豆腐とサバ節＆トマトのサラダ（750円）、黒豚味噌（420円）など料理メニューも充実。

📞 0997-46-2905
🕐 11:30～14:00（OS）、18:00～1:00
🈳 昼・毎週日曜、夜・第1・3日曜 🅿 あり

安房／寿司
寿し いその香り
すしいそのかおり

地図 p.31-F
安房港から🚗 4分

　その日の朝獲れたばかりの新鮮な地魚をネタに寿司を握ってくれる。地魚にぎり（2200円）や刺身定食（2000円）、単品ではトビウオの姿揚げ（880円）やカメノテの蒸し焼きがおすすめ。

📞 0997-46-3218
🕐 11:30〜13:30（OS）、
　 17:30〜21:30（OS）
🈺 火曜・水曜の昼　🅿 あり

平野／郷土料理
田舎味茶屋ひらの
いなかあじちゃややひらの

地図 p.31-I
安房港から🚗 10分

　屋久島の自然が味わえる屋久然料理の店。昼はツワブキの佃煮やハオラマのおひたし、カメノテの味噌汁、トビウオの姿揚げなど、島の味覚が15品並ぶ日替わり屋久然料理は2200円。夜はおまかせで3850円〜。

📞 0997-46-2816
🕐 11:00〜15:00、
　 18:00〜21:00
🈺 不定　昼夜とも要予約
🅿 あり

安房／そば
きらんくや

地図 p.49
安房港から🚗 3分

　本格的な手打ちそばの店。主に鹿児島のそば粉を使用し、こだわりのそばを作る。しっかりとした風味と、のどごしの良さが特徴のもりそばは650円。それに地の食材を用いた料理、鹿児島県産の豚を使った豚丼が付いた豚丼御膳は1300円。

📞 0997-46-4610
🕐 11:30〜14:30、
　 18:00〜21:00
🈺 火曜　🅿 あり

尾之間／パン・ケーキ
パン＆ケーキ ペイタ

地図 p.31-H
安房港から🚗 20分

　ベルギーで修業したご主人が、体に優しい国産の素材で作るパンが評判。人気はからいもパンや黒糖パン。店内でモッチョム岳を眺めながらのランチも格別。

📞 0997-47-3166
🕐 9:00〜18:00
🈺 火・水曜　🅿 なし

安房／和食・居酒屋
よろん坂
よろんざか

地図 p.31-F
安房港から🚗 9分

　にぎやかな雰囲気で飲食できる店。ドラゴン明美さんが作る飛魚ハンバーグ（1000円）が逸品で、口の中に素材のジューシーな旨味が広がる。だんご汁（700円）、つみれ鍋（2500円／要予約）もおいしい。

📞 0997-46-2949
🕐 11:00〜23:00
🈺 無休　🅿 あり

麦生／パン・ピザ
石窯パン工房 樹の実
いしがまパンこうぼう きのみ

地図 p.31-I
安房港から🚗 13分

　ピザ生地には小麦粉に加え、石臼で挽いた全粒粉、自家製の天然酵母を使用。それを石窯を使って高温で焼き、表面はパリッ、中はしっとりとした食感に仕上げている。トマトソースピザ、バジルピザは各700円。

📞 0997-47-3939
🕐 カフェ10:00〜17:00
　 パン販売18:00まで
　 ピザ11:30〜14:00
🈺 月・木・日曜　🅿 あり

原／カフェ

ノマドカフェ

地図 p.31-H
安房港から🚗20分

ルーと肉をそれぞれ別のスパイス配合で仕上げたシェフの本格カレーのランチプレートは1050円。ベイクドチーズケーキ（500円）、自家製ジンジャエール（550円）も美味。

📞 0997-47-2851
🕐 11:30～17:00
（ランチ OS14:30、
ケーキドリンク OS16:30）
🈡 水・木・金曜　Ｐあり

原／創作洋食

ラーメン屋久島オリオン
ラーメンやくしまオリオン

地図 p.31-I
安房港から🚗16分

看板メニューの屋久島ブラック（950円）は、屋久島特産のさば節、そうだ節、あご節を中心に出汁を取った屋久島醤油ラーメンのスープに加え、屋久島産のさば煎じ汁や青森県のシジミのエキスなどを加えて、ふくよかで芳醇な風味を実現。

📞 0997-47-3493
🕐 11:30～14:30、
🈡 火・水曜　Ｐあり

小瀬田／食品・雑貨・体験

ぷかり堂
ぷかりどう

地図 p.31-F
空港から🚗6分

屋久島の食品や菓子、民芸品など、こだわりの土産物がそろったセレクトショップ。オリジナルグッズも販売。ブレスレット作りの体験も好評（→p.67）。

📞 0997-43-5623
🕐 8:30～18:00
🈡 無休（12月～2日水曜）
Ｐあり

麦生／ポンカン・タンカン製品

屋久島町まごころ市 ぽんたん館
やくしままちまごころいち ぽんたんかん

地図 p.31-I
安房港から🚗15分

町が経営する特産品館。屋久島特産ポンカンやタンカンを素材にしたジュースやドレッシング、アイス、ジャムなどが人気が高い。

📞 0997-47-2557
🕐 8:30～17:30
🈡 年末年始　Ｐあり

栗生／そば

手打ちそば 松竹
てうちそば まつたけ

地図 p.30-G
安房港から🚗45分

屋久島の清流を使った手打ち蕎麦が味わえる。ざるそば（550円）。それに地魚の身を焼いてほぐしてご飯と混ぜた魚めしがついた魚めしセットや天丼セット（共に1000円）も好評。

📞 0997-48-2323
🕐 11:30～15:00（蕎麦なくなり次第終了）🈡 無休（3～10月／冬期は不定休）Ｐあり

麦生／ジェラート

屋久島ジェラートそらうみ
やくしまじぇらーと そらうみ

地図 p.31-I
安房港から🚗14分

本格派のジェラテリア。人気はたんかんソルベや屋久島地杉＆レモンソルベ。着色料や保存料を加えずに、島の旬の果物や特産品の素材そのものの味を活かした風味に仕上げている。島の超軟水を使ったコーヒーもおいしい。

📞 0997-47-2458
🕐 11:00～17:15OS
🈡 火・水・木曜（不定休あり）
Ｐあり

南部エリアその他のショップ
●ウッドショップ木心理
　（木工製品）【安房】
●HONU
　（アクセサリー）【麦生】
●屋久島焼新八野窯
　（焼物）【平内】
→いずれも P.52～53へ

旅の思い出におひとつどうぞ！

屋久島みやげ

屋久島の大自然で採れた素材を元に、島人が真心こめて作ったおみやげグッズは、どれもオリジナリティにあふれたモノばかり。

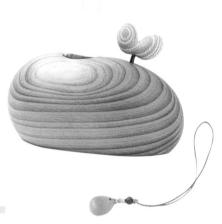

▲木の芽一輪差し＆
山車と屋久杉のストラップ

屋久杉の木目が美しい一輪指しは3800円〜。ヤマグルマと屋久杉、木の質感を巧みに組み合わせたストラップ"屋久島のしずく"800円。木のぬくもと作り手のやさしさが伝わってくる。A

▲屋久島焼
三足カップ

赤みがかった屋久島の土から作られている。釉薬にはサンゴの灰を用いて、美しい光沢のある仕上がりになっているのも魅力。1500円。B

▲高瀬貝 モデル aki
▶屋久杉とラッキーシェルの
バッグチャーム

▲高瀬貝の赤い色合いと、亀の組み合わせの装飾が美しいペンダント（9720円）は特別なプレゼントに。

▶ストラップ部にラッキーシェルを通したバックチャーム。屋久杉製のクジラもかわいい（1620円）。C

▲ヤクシカのキー
カバー＆
コードホルダー

柔らかくて丈夫なヤクシカの革からひとつひとつハンドメイドで作る。キーカバーは1300円、コードホルダーは1000円。D J

▲CATCH
THE BEER
YAKUSHIMA
CEDAR

無濾過・非加熱で自然発泡の屋久島ビール。屋久杉を素材に、深みのある薫りと渋み、活きた酵母の風味が特徴。他に無農薬タンカンピールを使った「YAKUSHIMA TANKAN」も。各680円ぐらい〜。E J

▲たんかん ちよ光ジャム

屋久島の特産品・タンカンを煮詰めて作ったジャム。ほどよい酸味がおいしさを引き立てる。580円。**F**

▲屋久島焼酎 ジュレ・三岳

屋久島の焼酎「三岳」の風味をジュレにとじこめた一品。三岳と同じ酒造所で造られる焼酎「愛子」のバージョンと2個セットで540円。**G**

▲トビウオの くんせい

近海で捕れた屋久島の魚を、自然海塩と屋久島の桜チップを使って、じっくりと薫製する。スモーキーかつ魚の本来の旨味がしっかり味わえる。トビウオ35g／623円〜、シイラ40g／583円〜。**H J**

▲やくしま　ぐるり

屋久島産のタンカンを餡に練りこみ、カステラ生地で包んで焼いた洋菓子。ふわっとした食感が魅力。6個入り756円。**G J**

▲有機屋久島茶

無農薬、自然肥料で栽培された茶葉から作られた一袋。まろやかでコクのある風味が楽しめる。80g 1080円。**I**

▲屋久島永田の塩クッキー

ウミガメの形をしたクッキー。ひとつひとつ手作りで焼き上げた、真心こもった味わい。材料に永田の浜で作られた天然塩を使用。6枚入り630円。**J**

【発売元と販売店が異なる商品の問い合せ先】
屋久島永田の塩クッキー（屋久島まむずきっちん　☎0997-42-0601）

お店データ

Aウッドショップ 木心里（もっこり）（→p.67）
☎0997-46-4560
🕐9:00〜18:00　休日曜

B屋久島焼 新八野窯（しんぱちのがま）（→p.51）
☎0997-47-2624
🕐8:30〜18:30　休不定

CHONU
☎0997-49-3145
🕐10:00〜18:00　休水曜・第4日曜　♦地図p.31-I 安房港から🚗14分

Dariga-to（ありがとう）
☎080-5309-5213（営業時間内）🕐10:00〜18:00
休不定　♦地図p.41 宮之浦港から🚗10分

ECATCH The BEER（キャッチ ザ ビア）
☎0997-43-5870
🕐10:00〜18:00　休不定
♦地図p.31-C 空港から🚗5分

F屋久島まごころ市 ぽん・たん館（→p.51）
☎0997-47-2557
🕐8:30〜17:30　休無休

G新月堂
☎0997-42-0131
🕐9:00〜19:00
休不定　♦p.41 宮之浦港から🚗3分

Hくんせい屋 けい水産
☎0997-46-3797
🕐9:00〜18:00　休火曜
♦p.31-F 安房港から🚗10分

Iお茶工房 八万寿茶園（はちまんじゅちゃえん）（→p.43）
☎0997-43-5330
🕐8:30〜17:00　休不定

Jぷかり堂（→p.51）
☎0997-43-5623
🕐8:30〜18:00　休無休（12月2月水曜）

屋久島みやげ

屋久島の森で食べたい

お弁当案内

早朝に出発するアクティビティにチャレンジする際、
重宝するのが早朝から営業している弁当店。
早朝弁当は要予約。前日の20時までに連絡しましょう！

*おにぎり・おかずは日によって変更あり

宮之浦

島むすび
しまむすび

おにぎり3個に8〜9種類の
日替りおかず（焼き魚、揚げ物、
つくだ煮など）が付く。おにぎ
り2個におかず4〜6種類のお
にぎり弁当（550円）もある。

おむすびが絶妙な塩加減！
おかずの味付けも
バランス良し。

📞 0997-42-0770
🕐 4:00〜9:00　㊡ 無休
📍 地図 p.41
　宮之浦港から🚗6分　🅿 あり

島むすび登山弁当 650円

安房

日ノ出弁当
ひのでべんとう

おにぎり2個に、5〜6種類
のおかず（塩サバ、揚げ物、ト
ビウオのつけ揚げ、卵焼きな
ど）が付く。

📞 0997-46-2882
🕐 4:00〜6:00ごろ　㊡ 無休
📍 地図 p.49
　安房港から🚶10分　🅿 あり

やさしさ感じる味。
野菜を練りこんだ卵焼きも
おいしい！

日ノ出弁当　550円

安房

あさひ弁当
あさひべんとう

おかずは約5種類（塩サバ、
トビウオのつけ揚げ、から揚
げなど）。おにぎりは2個入り
だと520円。

📞 0997-46-4007
🕐 4:00〜6:00ごろ　㊡ 無休
📍 地図 p.31-F
　安房港から🚗6分　🅿 あり

唐揚げやエビフライなど、
揚げ物の味付けに
こだわりあり！

おにぎり弁当　3個入り 620円

屋久島をじっくり楽しむ
ネイチャーツアー

縄文杉トレッキングに白谷雲水峡散策、宮之浦川カヌーなど。
屋久島の自然を体感できるネイチャーツアーは種類が豊富。
数々のアクティビティをサポートしてくれる力強い存在だ。

HINT

屋久島の主なネイチャーツアーガイド

屋久島野外活動総合センター（YNAC）	山、海、川といったさまざまなフィールドを、経験豊かなガイドがアカデミックな解説をしてくれる。フォレストウォーク、マウンテンバイクツアー、リバーカヤックツアー／料金はいずれも1日1万5950円。／☎0120-993-272／📍地図p.41／🅿️あり／http://www.ynac.com/
屋久島ガイドオフィス山岳太郎	個性豊かなツアーガイドが安全かつ楽しいエコツアーをサポート。参加人数1〜5名の完全少人数制も評判。縄文登山1万4500円、白谷水水原生林コース1万1000円、屋久島内の各縦走コースにも対応が可能。／📞0997-49-7112／📍地図p.49／🅿️あり／http://www.sangakutaro.com/
ネイチャーガイドオフィス まなつ	代表の真津昭夫さんをはじめ、専属ガイドのわかりやすい自然解説が魅力。また独自のキャンプメニューも評判だ。縄文杉トレッキング／1万3000円、原生林スピリチュアルキャンプ／1泊2日・3万円〜。／📞0997-47-2397／📍地図p.31-H／🅿️あり／http://www.office-manatu.com/
屋久島ネイチャー企画フィールド	「屋久島の不思議を知る」をコンセプトに島の魅惑的なスポットを案内・解説してくれる。特に白谷雲水峡ツアー（1万2900円）が好評。ヤクスギランドツアー／1万2900円、リバーカヌー・川遊び／6600円。／📞0997-47-2395／📍地図p.31-I／🅿️あり／http://yakushima-field.com
旅樂	「旅は楽しく、豊かに」がコンセプト。フォトトレッキングや屋久島縦走、キャンプツアーに空撮のオプションが好評。白谷雲水峡と太鼓岩ツアー／1万3000円、1泊2日縄文杉／3万3000円〜。ギャラリー、セレクトショップも併設。／📞0997-43-5956／📍地図p.31-F／🅿️あり
アウトドア屋久島ガイドシステム	島内出身のベテランガイド・岩川俊朗さんをはじめ、ツアーガイドが、屋久島の自然の魅力を教えてくれる。神秘の森ツアー／1万5000円、安房川カヌー／沢登りツアー（共に8000円）。／📞0997-46-3220／📍地図p.49／🅿️無（完全送迎）http://www.outdoor-yakusima.sakura.ne.jp
屋久島フィールドガイドスピニカ	リバー＆シーカヤック、スノーケリングやSUPツアー、沢登りなど、とくに川や海のフィールドガイドを得意とする。半日コース8000円〜、1日コース1万5000円〜（ランチ付）。3名以上は割引あり。／📞080-6427-6074／📍地図p.31-F／🅿️あり／http://yakushima-kayak.com
屋久島公認ガイド	サイト上で、「屋久島ガイド登録・認定制度」に登録された個人ガイドを公開。各ガイドのプロフィールや得意フィールド、ツアー内容＆料金、連絡先などが明記されており、プランに合った個人ガイドを探せる。（屋久島地区エコツーリズム推進協議会登録）／http://yakushima-eco.com/

※ツアー料金は参加人数やその日の催行人数によって、割引となる場合があるので申し込み時に確認のこと。

ヤクスギランドを歩く

屋久杉が森の成り立ちを教えてくれる

樹皮のコブがブッダの横顔のような仏陀杉

↑太忠岳山頂

太忠岳への登山情報は、切りとり地図のオモテ面下段を参照

←太忠岳へ

太忠岳登山道

蛇紋杉（標高1108m）

休憩所

携帯トイレブース

↑母子杉

母子杉

天柱杉

↑天柱杉

三根杉

花之江河へ

花之江河登山道

休憩所

↑三根杉

沢津橋へ

屋久杉の秘密に触れる小旅行

　ヤクスギランドは屋久杉をはじめ、島の原生林が生い茂る総面積約270ヘクタールの森林緑園。散策ルートは全4コース。中でも30分と50分のコースは木道や石張歩道で整備され、普通の靴でも十分に歩いて行ける。また道中に見える倒木上更新や土埋木といった、屋久杉に関する解説が看板で表示されていてわかりやすい。エリア内随一の見所である仏陀杉までは約30分。付近にはベンチもあるので、50分コースの場合はここで小休止するといい。

　80分のコースとなるとさらに魅力的な光景が広がる。荒川橋下の美しい渓谷を眺め、つつじ河原に到着したら、河原に降りてランチタイム。特に4月～5月には淡いピンクのサクラツツジが渓谷を鮮やかに彩ってくれる。小花歩道まで足をのばすなら、トレッキングシューズが必需品となる。未舗装の山道を登っていくと、倒木・蛇紋杉、2本の杉が根際で合体した母子杉、推定樹齢

1500年の天柱杉といった個性的な屋久杉を観察できる。路線バスでのアクセスは、安房の合庁前から1日2便（種子島・屋久島交通）、宮之浦港から1日1便（まつばんだ交通／12～2月運休）。

ヤクスギランド

♪ 0997-42-3508　♀ 地図p.31-E
●アクセス／紀元杉行きバスで合庁前（安房）から約43分、または宮之浦港発の紀元杉行きバス（12～2月運休）で約1時間15分。車の場合は屋久島空港から約45分。●入園料（森林整備協力金）500円　※白谷雲水峡利用の場合、200円の割引券あり●施設／管理事務所、東屋、トイレ、売店「森泉」、駐車場約30台●備考／8:30～16:30。無休●問い合わせ／屋久島レクリエーションの森保護管理協議会

◐ 蛇紋杉
複雑なカーブを描いたフォルムは神秘性すら感じる。1997年9月に倒木

ヤクスギ ランド コースガイド

雨の日はすべりやすいので注意!

小花歩道

――― ふれあいの径コース（約30分）

－－－ いにしえの森コース（約50分）

・・・・ つつじ河原コース（約80分）

━━━ やくすぎの森コース（約150分）

↑ 売店「森泉」

↑ つつじ河原
4〜5月にはサクラツツジの薄紅色の花が咲き誇る。休息にも最適の場所

安房へ ↑

ヤクスギランドバス停

苔の橋

つつじ河原

木串分れ

千年杉

管理棟

入口（標高1014m）

市店「森泉」 WC

荒川橋（標高985m）

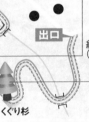

◐ 双子杉

仏陀歩道

仏陀杉

倒木更新や着生など、屋久杉の特徴について各所に看板で説明

出口

紀元杉へ（6km）

仏陀杉
樹高21.5m、胸高周囲8.0m、推定樹齢1800年

双子杉

くぐり杉

↑ くぐり杉

TEKU TEKU COLUMN

紀元杉

木道を歩くと根際の赤い木肌が目前に見える

ヤクスギランドから安房林道を車で10分程走ると、道路沿い右手に樹高19.5m、胸高周囲8.1m、推定樹齢3000年の紀元杉が見えてくる。杉の周囲に設けられた木道を歩き、注意深く観察すると、木に繁茂する草葉の種類が異なることに気づく。杉にヒカゲツツジやヤマグルマなど20種類以上の植物が着生しているからだ。

はるかなる
縄文杉への道

誰もが憧れる縄文杉へのトレッキングは屋久島を代表する
人気のアクティビティ。太古から息づく森を歩くと、世界遺
産・屋久島の自然の魅力がたっぷりと出迎えてくれる。

POINT
トロッコ軌道を歩き、世界遺産の森へ

多くの人が一度は見てみたいと思いをは
せる縄文杉。そこへたどり着くまでは片道
約5時間をかけ、同じ道をまた戻ってくる
という道のりだ。まずは島の東部にある屋
久杉自然館までレンタカーかバスまたはタ
クシーで行き、そこで荒川登山バスに乗り
換えて荒川登山口へ。待合所で早朝弁当を
食べて準備運動をしたら、いざ出発！

荒川登山口の待合所
前。出発前はしっかり
と準備体操をしておこ
う。とくに足腰は念入
りに！

序盤は2時間半ほど、長いトロッコ軌道
をひたすら歩く。道中では何度か山間を流
れる川に架かった橋を渡るが、手すりのな
い橋もあるので、風の強い日は注意が必要
だ。この軌道は大正13年に敷設され、昭和
30～40年代前半にかけて、屋久杉の伐採・
搬出の目的で大いに活躍した。

登山口から50分ほど歩くと、右手に小杉
谷小・中学校の跡地が見えてくる。かつてこ
こには集落があり、木材伐採・搬出の前線基
地として賑わっていた。少し先には水場と
休憩所があるので、ここで小休止。

TEKU TEKU COLUMN

縄文杉への起点
荒川登山口へのアクセス

縄文杉への玄関口・荒川登山口は、3月
～11月まで一般車両の乗り入れを終日
規制している。この期間に荒川登山口へ
行く場合は、荒川登山バスかタクシーを
利用する。登山バスの発着所は屋久杉自
然館前。そこまではレンタカーやタクシ
ー、路線バスで移動して乗り換える。

バス乗車券は屋久杉自然館や屋久島環
境文化村センター、観光案内所などで販
売（乗車前日までに要購入）。

12月1日～2月末であれば、荒川登山
口の駐車スペースやそこから約400m手
前の待避所に駐車が可能だ。

荒川登山バスの乗
車券は片道700
円。屋久杉自然館
から荒川登山口ま
では所要約40分

小杉谷小・中学校跡地。
以前は、郵便局や床屋、
営林署の風呂などもあ
った。最盛期は540人
ほどが居住していた

※山岳部環境保全協力金のお願い
日帰り入山の場合1000円、山中で宿泊予定の場合2000円（P.37参照）

休憩後、トロッコ軌道を再び歩き出す。約40分で、白谷雲水峡への分岐点である楠川分かれに。そこから少し進んだところにある三代杉は、文字通り三代に渡って更新が行われてきた杉。この周囲で見られる杉は同時期に伐採された後に植林されたもので、同じような太さのものが多いが、三代杉は伐採されずに残っている。

三代杉から1時間ほどで、中継地点である大株歩道入口に到着。トロッコ軌道はここで終了だ。これからが本格的な山歩き。近くにはトイレや水場、休息ベンチがある。少し休憩して、態勢を整えよう。

楠川分かれから約10分歩くと見える三代杉は、屋久島を象徴する杉。倒木した初代杉の上に、二代目が着生して成長。それが伐採され、さらに切り株の上に三代目の杉が更新して現在の姿に。樹高38.4m、胸高周囲4.4m

POINT
大株歩道からはハードな山歩きに

勾配がぐっと急になる大株歩道に入ってから20分ほど歩くと、傍らに大きな倒木が横たわっている。2010年9月に倒れた翁杉（おきなすぎ）だ。縄文杉に次ぐ太さを誇っていた屋久杉だけに、倒れたのは惜しいが、森の生命はこうやって循環していくのだ。

さらに10分ほど進むと、巨大な切り株が出現。これが樹齢2000年以上とされるウィルソン株だ。株の中は約10畳分のスペースがあり、足を踏み入れると不思議と心が落ち着く。緑深いこの森から発する自然のエネルギーのせいかもしれない。

↑2010年に倒れた翁杉。倒木前は推定樹齢2000年、樹高23.7m、胸高周囲12.6mの巨木で、サクラツツジやナナカマドなどの植物が着生していた

↓ウィルソン株は1914年に米国の植物学者E・H・ウィルソン博士によって紹介された。推定樹齢2000年〜、胸高周囲13.8m、胸高直径4.2m

TEKU TEKU COLUMN

縄文杉ルートでのトイレ事情

縄文杉へのルート上にあるトイレは、荒川登山口付近、楠川分かれの少し先、大株歩道入口付近、そして高塚小屋付近に設けられている。また、小杉谷小・中学校跡地、大株歩道入口手前、大王杉の手前および夫婦杉との間、高塚小屋付近にテント型トイレブースを設置。携帯トイレを便座に取り付けて利用する。

楠川分かれの少し先にあるバイオトイレ。微生物で糞尿を分解する

携帯トイレは観光案内所や各宿泊施設で購入可。1個入り400円、2個入り500円。回収箱は荒川登山口や屋久杉自然館前にある

↑約3m離れた2本の杉が、高さ10mのところで癒合した夫婦杉。右の夫杉は推定樹齢約2000年、胸高周囲10.9m、樹高22.9m。左の妻杉は推定樹齢約1500年、胸高周囲5.8m、樹高25.5m

←樹高24.7m、胸高周囲11.1mの大王杉。縄文杉が確認されるまでは、島内最大の屋久杉とされていた。推定樹齢3000年〜

POINT

個性的な屋久杉に次々と出合う!

POINT

森の奥深くに立つ"屋久島の主"

ウィルソン株から先は、勾配がさらに急になり、木の階段を登るのもきつくなる。頑張って50分ほど歩くと、右手の急斜面に巨大な屋久杉が姿を見せる。これが推定樹齢約3000年の大王杉。縄文杉が発見されるまでは屋久島最大の杉とされてきた。

しばらく道を進むと、テント型の携帯トイレブース、さらには休憩デッキがある。昼食をここでとるのもいいだろう。

大株歩道に入ると急勾配の登山道になる

さらに歩くと、左手に2本の屋久杉が癒合した夫婦杉が見えてくる。この辺りからは、山の勾配も少しなだらかになってくる。道脇に目を転じると、他の木に巻きつくように着生したヤマグルマや、ギリシャ神話に出てくる怪物メデューサのような姿の杉など、森の木々が自然のオブジェのように目を楽しませてくれる。縄文杉まではもう少しだ。

夫婦杉から約35分歩くと、大きな木製の観覧デッキが見えてくる。この階段を上がれば、待望の縄文杉とのご対面だ。

世界遺産の深い森の中、堂々たる立ち構えの縄文杉。その太い幹は顔のようにも見え、まさに森の賢者。訪れる者をやさしく見守ってくれているかのようだ。

帰りは来た道を戻り、再び荒川登山口へ。長い道のりゆえ、帰りのバスの時間も考えたペース配分が重要となる。目安として日帰りなら、6時に荒川登山口を出発、帰りは12時には縄文杉を出発したいところ。道中の自然をじっくり堪能したいなら、さらに15分ほど先にある高塚小屋に1泊しよう。

HINT

屋久島の自然を深く知るには

『てくてく歩き ネイチャーガイドと歩く屋久島』(小社刊／990円)では、屋久島の自然の魅力を、現地ガイドがていねいに解説している。縄文杉ルートをはじめ、白谷雲水峡など、屋久島の主要トレッキングルートを案内。

標高約1300mの位置で堂々たる風格を見せる縄文杉。樹高25.3m、胸高周囲は16.4mと太いが、合体木ではなく1本の木である。推定樹齢は2170年〜7200年と諸説ある

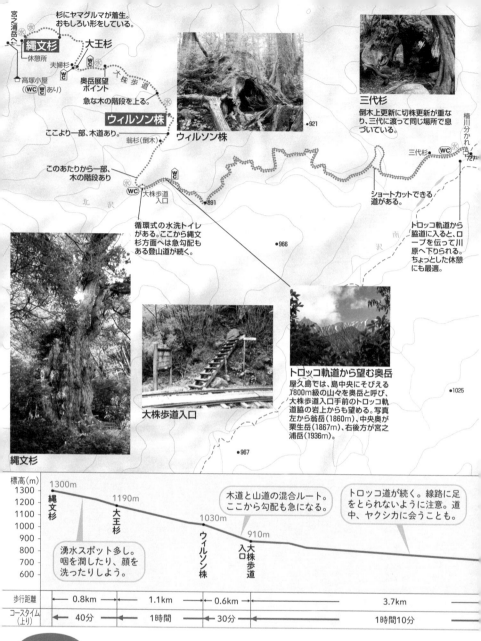

宮之浦岳へ

杉にヤマグルマが着生。おもしろい形をしている。

縄文杉

休憩所

大王杉

夫婦杉

高塚小屋 (WC)あり

奥岳展望ポイント
急な木の階段を上る。

ウィルソン株

ここより一部、木道あり。

翁杉（倒木）

ウィルソン株
●921

三代杉
倒木上更新に切株更新が重なり、三代に渡って同じ場所で息づいている。

楠川分かれ

三代杉 WC
●727

このあたりから一部、木の階段あり

WC 大株歩道入口
●891

循環式の水洗トイレがある。ここから縄文杉方面へは急勾配もある登山道が続く。

北沢

ショートカットできる道がある。

南沢
●966

トロッコ軌道から脇道に入ると、ロープを伝って川原へ下りられる。ちょっとした休憩にも最適。

大株歩道入口

トロッコ軌道から望む奥岳
屋久島では、島中央にそびえる1800m級の山々を奥岳と呼び、大株歩道入口手前のトロッコ軌道脇の岩上からも望める。写真左から翁岳(1860m)、中央奥が栗生岳(1867m)、右後方が宮之浦岳(1936m)。

●1025

縄文杉

●967

標高(m)

1300m	1190m	1030m	910m	
縄文杉	大王杉	ウィルソン株	大株歩道入口	

木道と山道の混合ルート。ここから勾配も急になる。

トロッコ道が続く。線路に足をとられないように注意。道中、ヤクシカに会うことも。

湧水スポット多し。咽を潤したり、顔を洗ったりしよう。

歩行距離	0.8km	1.1km	0.6km	3.7km	
コースタイム（上り）	40分	1時間	30分	1時間10分	

GOAL

大王杉〜縄文杉
縄文杉まではもう少し。この区間には湧水スポットが点在しているので、ペットボトルや水筒に補給しておこう。日帰りプランなら、縄文杉を正午過ぎには出発するようにしよう。

大株歩道入口〜大王杉
大株歩道入口から2時間ほどの区間は急登が続くが、名だたる屋久杉に出合えるこのコースのハイライト。途中には、屋久島最高峰の宮之浦岳などを望める展望スポットもある。

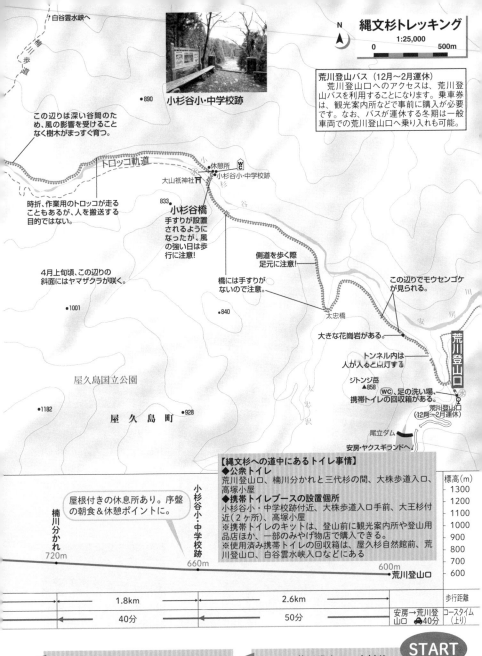

縄文杉トレッキング

N

1:25,000
0　500m

荒川登山バス（12月～2月運休）
　荒川登山口へのアクセスは、荒川登山バスを利用することになります。乗車券は、観光案内所などで事前に購入が必要です。なお、バスが運休する冬期は一般車両での荒川登山口へ乗り入れも可能。

白谷雲水峡へ

楠川歩道

•890

小杉谷小・中学校跡

この辺りは深い谷間のため、風の影響を受けることなく樹木がまっすぐ育つ。

トロッコ軌道

休憩所　W

小杉谷小・中学校跡

大山祇神社

833　**小杉谷橋**
手すりが設置されるようになったが、風の強い日は歩行に注意!

時折、作業用のトロッコが走ることもあるが、人を搬送する目的ではない。

4月上旬頃、この辺りの斜面にはヤマザクラが咲く。

側道を歩く際足元に注意!

橋には手すりがないので注意。

この辺りでモウセンゴケが見られる。

•1001

•840

太忠橋

安房川

大きな花崗岩がある。

荒川登山口

トンネル内は人が入ると点灯する

屋久島国立公園

ジトンジ岳
▲858　WC、足の洗い場、携帯トイレの回収箱がある。

•1182

屋久島町　•928

荒川登山口
（12月～2月運休）

尾立ダム

安房・ヤクスギランドへ

太忠沢

【縄文杉への道中にあるトイレ事情】
◆公衆トイレ
荒川登山口、楠川分かれと三代杉の間、大株歩道入口、高塚小屋
◆携帯トイレブースの設置個所
小杉谷小・中学校跡付近、大株歩道入口手前、大王杉付近（2ヶ所）、高塚小屋
※携帯トイレのキットは、登山前に観光案内所や登山用品店ほか、一部のみやげ物店で購入できる。
※使用済み携帯トイレの回収箱は、屋久杉自然館前、荒川登山口、白谷雲水峡入口などにある

屋根付きの休息所あり。序盤の朝食&休憩ポイントに。

小杉谷小・中学校跡

楠川分かれ
720m

小杉谷小・中学校跡
660m

600m
荒川登山口

	標高(m)
	1300
	1200
	1100
	1000
	900
	800
	700
	600

	1.8km		2.6km		歩行距離
	40分		50分	安房→荒川登山口🚗40分	コースタイム（上り）

START

荒川登山口～小杉谷
　日帰り登山なら、遅くとも朝7時前に荒川登山口を出発。序盤はひたすらトロッコ道を歩く。枕木の先端や脇道にある木の根は滑るので注意。小杉谷小・中学校跡は休憩をとるのにもいい。

小杉谷～大株歩道入口
　照葉樹林が生い茂り、徐々に森が深くなる。道端ではヤクシカと遭遇することもある。トロッコ軌道の中間点、楠川分かれを過ぎてしばらく行くと三代杉とよばれる巨杉がある。

花の洋上アルプスを楽しむ
屋久島を彩る花々

海抜0mから1936mまでの標高差がある屋久島。
麓でガジュマルが育ち、冬には山間部で積雪がある。
そんな環境で育つ植生も楽しみながら旅してみよう。

　島の海岸部では南方系の植物が花を咲かせ、島の中央部の山岳地帯では、鹿児島県にありながら、本州中部以北の山野で咲くような種も見られる。日本列島の自然の縮図が、この島の中で垂直に分布しているところが屋久島の特徴だ。

　また同じ植物でも、育つ標高の違いで個体の大きさが異なるなどといった特徴が見られるのも屋久島ならではの自然体系。

1600m付近にある高層湿原・花之江河（はなのえごう）。豊富な水が高山植物を育む

ヤクシマシャクナゲ
＜ツツジ科＞
　屋久島を代表する植物で、1100m付近から山頂帯にかけて自生する。屋久島中央部にある黒味岳などでは見事な群落を作る。花期は5月下旬〜6月上旬。

ヒメコナスビ
＜サクラソウ科＞
　草丈は低く、登山道沿いの苔の中など湿った場所で、黄色のかわいらしい花を咲かせている。屋久島の固有変種。花期は7月。

ヤクシマカラマツ
＜キンポウゲ科＞
　1500m以上に分布し、登山道沿いなどでも繊細な淡いピンク色の花を咲かせる姿も愛らしい。屋久島の固有変種。花期は7〜8月。

ヤクシマコオトギリ
＜オトギリソウ科＞

　オトギリソウの仲間で、屋久島の固有変種。夏の登山道沿いでも比較的よく見られる花。長い雄しべも特徴的。花期は7～8月。

ヤクシマショウマ
＜ユキノシタ科＞

　低山から山頂帯まで分布していて、高所のものほど小型。花色は白が一般的だが、薄紅色の個体も見られる。屋久島の固有変種。花期は6～8月。

オオゴカヨウオウレン
＜キンポウゲ科＞

　標高500m以上の樹林帯で見られ、薬草として知られるオウレンの仲間。冬期の森の中でひっそりと咲く数少ない花。花期2～3月。

リンゴツバキ
＜ツバキ科＞

　ヤブツバキの変種で、リンゴのような実をつける。屋久島では、平地から1200m付近までと広く分布している。花期は12～5月。

ツルラン
＜ラン科＞

　真夏の樹林下で、白鶴が多数舞っているかのような豪華な花を咲かせる。九州南部から南西諸島にかけて分布している。花期は7月。

イワタイゲキ
＜トウダイグサ科＞

　屋久島では春田浜など、隆起サンゴ礁の海岸でよく見られる。鮮やかな黄色の彩りで、春の訪れを告げる花。花期は3～4月。

テッポウユリ
＜ユリ科＞

　海岸付近の草地などで、初夏に純白の大ぶりな花を咲かせる。主に南西諸島に分布。島の南西部・栗生に群落がある。花期は5月。

グンバイヒルガオ
＜ヒルガオ科＞

　海岸部で鮮やかなピンク色の花を咲かせるヒルガオの仲間。名前の由来は葉の形が軍配に似ているため。花期は7～9月頃。

ハマユウ
＜ヒガンバナ科＞

　関東南部以西の主に海岸部に自生する多年草。夏に白い花を咲かせ、群生する。屋久島では栗生に群生地がある。花期は7～8月。

屋久島を彩る花々

65

雨が降ってもがっかりしないで！

雨の日でも
屋久島を楽しむ

「月のうち、35日は雨」ともいわれる雨の多い屋久島。でも、雨天時でも楽しめる屋久島の魅力も知っておこう。もちろん雨でなくても積極的に活用したいスポットばかり。

■ 資料館で屋久島のことを深く知る

　島内の資料館に足を運んでみよう。各館とも特色ある展示構成になっており、島内で興味のあるテーマへの造詣を深めることができる。旅をする際の新たなヒントになるかもしれない。

●屋久島環境文化村センター（→p.40）

　豊富な展示物で、島の成り立ちや気候などの自然や、里の文化や祭事などに関する情報を発信。また、大型スクリーンに映し出される屋久島の臨場感あふれる空撮映像も迫力満点だ。

●屋久島町立屋久杉自然館（→p.46）

　屋久杉の特徴から、島民と杉の関わりの歴史などに至るまで、屋久杉に関する資料が豊富。縄文杉や紀元杉の折れた枝の一部も展示している。シアターでは屋久杉伐採に関する貴重な映像を上映。

　ほかにも、宮之浦には「屋久島歴史民俗資料館」（→p.40）、いなか浜近くには「屋久島うみがめ館」（→p.41）などがある。

屋久島環境文化村センター内の大型スクリーン。迫力ある映像が楽しめる

屋久杉自然館内の「屋久杉探検館」。1660歳の屋久杉も展示されている

TEKU TEKU COLUMN

雨降りの後を楽しむ

　千尋の滝や大川の滝では、さらにダイナミックな自然を目の当たりにできる。ただし、荒天時の無理は禁物。雨がさほど多くない状況なら、ヤクスギランドや白谷雲水峡で手軽なコースを散策してみるのもおもしろい。

　水を浴びて生き生きと輝く木々やコケなど、晴天時とはまた違った屋久島のフォレストワールドを堪能してみるのもいいだろう。ただし、こちらも増水による事故が多い。森に入るときには、管理棟などでルートの状況を必ず確認しよう。

雨の降った後、生き生きと輝くコケ類。色合いが一層鮮やかになり、とても美しい

■屋久杉グッズを作ってみよう

島の代名詞ともいえる屋久杉。それを材料に、ギャラリーや工房でオリジナル屋久杉グッズを作ってみるのも楽しい。アクセサリーや箸、雑貨など、体験できるグッズは店によってさまざま。自分だけの逸品を作ってみよう。

●ウッドショップ木心里

屋久杉製オリジナルストラップ作りに挑戦（所要時間15〜30分／800円〜）。気に入った屋久杉プレートを選び、それを数種類の紙ヤスリで段階的に磨きをかける。磨き終わったら、焼きゴテで好きな絵や文字を彫り込む。最後に好みの色の紐をつければ、ストラップは完成！

●ぷかり堂

屋久杉＆40種類以上の天然石の中から好みの玉を選んで、ブレスレットを作る。（所要時間約30分・1500円〜）組み合わせは自由だが、迷ったときはカラーコーディネーターの資格を持つ荒木さんが丁寧にアドバイスをしてくれる。誕生石も各種取りそろえ、プレゼントにも最適だ。

●杉の舎

空港近くの「杉の舎」では、箸作りが体験できる（要予約／1100円〜）。二つに割った棒状の杉を木目に沿ってノミで丁寧に削る。ある程度形が整ったら、うずくり（茅の根を束ねたもの）でつやを出していく。

■島焼酎の蔵元を見学してみよう

島内にある「本坊酒造 屋久島伝承蔵」では蔵元見学も可能（事前の申し込みが必要）。昔ながらの手造り甕壺仕込みで造られる焼酎を間近で目にすることができる。島の軟水を仕込みに使い、できた良質のもろみに、蒸した芋を加え、アルコール発酵させて蒸留する。その後に、貯蔵＆熟成をすれば芋焼酎は完成だ。

【本坊酒造・杜氏のお話】
「昔ながらの甕壺仕込み、こだわりの製法で造っています。中でも『水ノ森』は屋久島産のさつま芋を原料に使った、島内限定販売の焼酎です。さわやかでコクのある風味のこの一本を、ぜひ味わってみてください」

縄文杉を磨いた後、焼きゴテで好みの文字や絵を！

●ウッドショップ　木心里
📞0997-46-4560
🕘9:00〜18:00／休日曜
📍地図p.31-F　安房港から🚗10分／Ｐあり

●ぷかり堂
→p.51 参照

●杉の舎
📞0997-43-5441
📍地図p.31-F／安房空港から🚗2分
🕘9:00〜17:00／休不定休　Ｐあり

屋久島伝承蔵では「屋久の島」「屋久島 大自然林芋」「水ノ森」などの焼酎を製造。

●本坊酒造 屋久島伝承蔵
📞0997-46-2511
🕘9:00〜16:30（販売ショップ）※見学の際は前日までに要予約（時間など応相談）予約／休ほぼ無休
📍地図p.49／安房港から🚗5分／Ｐあり

雨の日でも屋久島を楽しむ

泊まる

世界遺産の島らしく、宿泊施設も山岳や渓谷、海などの景勝地を望める場所にあることが多い。優雅にくつろぐならリゾートホテル、旅館や民宿では自慢の料理や心温まるもてなしを堪能したい。

 尾之間 ⭐

JRホテル屋久島
ジェイアールホテルやくしま

地図 p.31-H
安房港から🚗20分

東シナ海の大海原を眺望できる、5階建て円筒形状のホテル。宿泊客との触れ合いを大切にした、温もりあふれるサービスが心地よい。アルカリ性単純温泉の露天風呂に入ると、肌に潤いが出てくる。和洋折衷の玉手箱料理もオリジナリティーに富んだスタイル。

☎ 0997-47-2011
ℹ 46室
¥ 1泊2食付2万1500円～
　（2名1室 1名分）
Ⓟ あり

 麦生 ⭐

sankara hotel&spa 屋久島
サンカラホテル&スパやくしま

地図 p.31-I
空港から🚗30分
安房港から🚗13分

島を代表するプライベートリゾート。雄大な山々を背に、目下に太平洋を望めるという抜群の立地に建つ。

客室はスタンダードクラスでも53㎡の広さ。ゆったりとときを過ごすのには最適だ。

 尾之間 ⭐

民宿四季の宿尾之間
みんしゅくしきのやどおのあいだ

地図 p.31-H
安房港から🚗18分

溝口さんファミリーが経営するアットホームな宿。背後には奇峰・モッチョム岳を望めるという自然美豊かなロケーションに建つ。

和室、洋室、コテージタイプの各部屋には、ウッドデッキを設け、食事や休憩をとるのにもってこい。料理は新鮮な魚介類と自家栽培野菜を使い、

料理はカジュアルフレンチ「ayana」、本格的ディナーコースを味わえる「okas」。いずれも、フレンチをベースに、地元で採れた海や山の食材を使い、至福の味に仕上げている。「Sankara Sana」では、タイの伝承医学を礎にした各種スパを体験できる。ライブラリーラウンジやフィットネスルームも完備している。

☎ 0800-800-6007
ℹ 29室
¥ 1泊2食付4万7300円～
Ⓟ あり

素材の味を活かしたやさしい味付け。自家製味噌やガス釜炊きの玄米ご飯も好評。連泊の宿泊客は追加料金なしでBBQにすることも可能だ。

☎ 0997-47-3377
ℹ 8室
¥ 1泊2食付9460円～
Ⓟ あり

宮之浦

民宿やくすぎ荘
みんしゅくやくすぎそう

地図p.41
宮之浦港から🚗5分

　宮之浦川沿いの風光明媚なロケーションに建つ民宿。女将・荒木さんの心くばりが随所に行き届いていて、訪れるものをリラックスさせてくれる。夕食にはトビウオの唐揚げ、つけ揚げ、旬の刺身など、島の食材にこだわった自慢の料理の数々が並ぶ。連泊客にはメニューを替えて出してく

れるのもうれしい。入浴施設を24時間利用できるのも便利だ。

♪ 0997-42-0023
ℹ️ 19室
¥ 1泊2食付7500円～
Ｐあり

宮之浦

晴耕雨読
せいこううどく

地図p.41
宮之浦港から⛴️15分

　アットホームな雰囲気の素泊まり民宿。宿は素朴な総木造りで全室個室。共同炊事場では冷蔵庫や炊飯器、調理器具が無料で利用できる。ご主人の長井さんが島の情報をいろいろ教えてくれるので、それを楽しみにここを訪れる旅行者も多い。

♪ 0997-42-2070
ℹ️ 7室
¥ 素泊まり3500円　Ｐあり

宮之浦

ロッジ八重岳山荘
ロッジやえだけさんそう

地図p.31-B
宮之浦港から🚗8分

　屋久島らしさを体感できる総地杉造りのロッジスタイルの山荘。施設内には杉風呂、花崗岩風呂、五右衛門風呂と3種の浴槽を完備。夕食は郷土料理が中心だが、連泊すればBBQも味わえる。

♪ 0997-42-1551
ℹ️ 8室
¥ 1泊2食付9000円～
Ｐあり

屋久島空港

屋久島ペンション苺一笑
やくしまペンションいちごいちえ

地図p.31-F
空港から🚶5分

　空港から徒歩5分のところにあるペンション。館内は清潔感にあふれ、ラズベリー(洋室)や野いちご(和室)など、苺の名称がついた6部屋の客室がある。
　栄養士でもある奥様が、地元の食材を使って作る創作郷土料理は味のみならず、食べる人の健康面も考慮した体に

やさしいメニュー。特に地場産の旬の食材を使ったディナーは彩りも豊かで美味。テラスでのんびりしながら、旅の思い出を語るのもいい。

♪ 0997-49-4150
ℹ️ 6室
¥ 1泊2食付8160円～
Ｐあり

屋久島

69

民宿あんぼう
みんしゅくあんぼう

地図 p.49
安房港から🚢 7分

　安房港近くの宿。女将さんの気くばりが行き届いており、館内は清潔感にあふれている。食卓には屋久島の新鮮な魚介類が並ぶ。素泊まりは4000円（2泊3500円、3泊3300円／1日の連泊割あり）

📞 0997-46-2720
💴 1泊2食付7000円
ℹ️ 5室 🅿️ あり

癒しの館「つわんこ」
いやしのやかた　つわんこ

地図 p.49
安房港から🚗 5分

　安房の高台にある癒しの宿。施設内からは太平洋や安房の市街地が一望できる。女将さんの真心あふれる家庭料理もこの宿の魅力。ご主人の満園さんがエコツアーガイドでもあるので、縄文杉ルートや白谷雲水峡など、自然散策をしたい際は相談を（宿泊者割引有）。

📞 0997-46-2766
💴 1泊2食付9000円
ℹ️ 5室 🅿️ あり

浮雲の宿 ホテル屋久島山荘
うきぐものやど ほてるやくしまさんそう

地図 p.49
安房港から🚗 4分

　林芙美子の小説『浮雲』の舞台にもなった老舗の宿をリノベーションして現在のスタイルに。宿は安房の高台に経ち、客室からは眼下を流れる安房川や屋久島の山々を望むことができる。夕食には近海で獲れた魚介類をメインに、島の味覚がたっぷりと味わえる。また、館内でトレッキング用品のレンタルができるのも便利だ。

📞 0997-46-2011
💴 1泊朝食付1万900円〜
ℹ️ 23室 🅿️ あり

農家民宿山ノ瀬
のうかみんしゅくやまのせ

地図 p.31-H
安房港から🚗 25分

　岩川さん夫妻が営む、ほのぼのとした農家民宿。ご主人が毎日、海や山畑から調達してくる食材を、奥さんが丹念に調理してくれる。食卓には地魚の刺身やカサ貝の姿焼き、山菜の天ぷら、タンカンなど島の味覚が並ぶ。

📞 0997-47-2862
💴 1泊2食付7500円〜
ℹ️ 5室 🅿️ あり

海の胡汀路てぃーだ
うみのこてーじ てぃーだ

地図 p.31-H
安房港から🚗 40分

　湯泊の高台にあるコテージタイプの宿。テラスからは蒼い太平洋のオーシャンビュー、庭先を振り返ると屋久島の気高い山々を望めるという贅沢なロケーション。

　ディナーはおもに島や鹿児島産の海や山の幸を素材に、シェフが腕によりをかけた洋食フルコースに舌鼓。また、各棟には離れの五右衛門風呂もある。オーナー夫妻の細かな気配りもうれしい。

📞 0997-49-8750
💴 1泊2食付1万4000円〜／1人、1万2000円〜／2人、各棟は3〜5名まで利用可で人数により割引あり
ℹ️ 4棟
🅿️ あり

地域	宿名	情報
宮之浦	杜の宿 羽神の郷（もり はがみ さと）	☎0997-42-2282 ／ ♀地図p.31-B ／ ¥素泊まり5500円〜 ●食材を持ち込んで利用できる自炊棟がある。宿棟の外観は民芸調。
	民宿たけすぎ	☎0997-42-0668 ／ ♀地図p.41 ／ ¥1泊2食付8000円〜 ●宮之浦の中心地にあり、観光や買い物に便利。2名の場合1人7500円
	旅荘美山	☎0997-42-0857 ／ ♀地図p.41 ／ ¥1泊2食付7560円〜 ●宮之浦の高台に立ち、眺望抜群。ご主人のこだわり料理も自慢。
	シーサイドホテル屋久島	☎0997-42-0175 ／ ♀地図p.41 ／ ¥1泊2食付1万4300円〜 ●宮之浦港から徒歩5分。展望露天大浴場からの眺めも抜群。
	素泊民宿ふれんど	☎080-1711-6468 ／ ♀地図p.41 ／ ¥素泊まり3300円〜 ●若者に人気の素泊まり宿。洗濯機やインターネット環境も完備。
	民宿やくしま家（や）	☎0997-42-2139 ／ ♀地図p.31-B ／ ¥1泊2食付8400円〜 ●木の香りに癒されながら海と山を一望できる宿。宮之浦港から🚗5分
一湊	花屋旅館	☎0997-44-2111 ／ ♀地図p.31-B ／ ¥1泊2食付7700円〜 ●創業100年を超える老舗旅館。名物のサバ料理は要予約。
永田	民宿屋久の子の家	☎0997-45-2137 ／ ♀地図p.30-A ／ ※コロナ禍で休業中 ●いなか浜を一望できる立地。屋久杉風呂にはにがり湯が楽しめる。
	送陽邸	☎0997-45-2819 ／ ♀地図p.30-A ／ ¥1泊2食付1万4000円〜 ●いなか浜が目前という絶好の立地に建つ。露天岩風呂でのんびりと。
空港	天然温泉縄文の宿まんてん	☎0997-43-5751 ／ ♀地図p.31-F ／ ¥1泊2食付1万1500円〜 ●露天風呂に檜風呂、壷風呂などの温泉設備がある。島料理も自慢。
安房	旅の宿 紫水館	☎0997-46-2018 ／ ♀地図p.49 ／ ¥1泊2食付9130円〜 ●縄文杉登山の玄関口である安房にある旅館。心温まるもてなしの宿。
	旅人の宿まんまる	☎0997-49-7107 ／ ♀地図p.49 ／ ¥1泊2食付9200円〜 ●アットホームな宿。島の食材を使った料理が好評。展望風呂もよい。
	屋久島グリーンホテル	☎0997-46-3021 ／ ♀地図p.31-F ／ ¥1泊2食付1万5400円〜 ●島料理が美味。館内に岩盤浴施設や屋久杉民芸品店もあり。
	素泊民宿里町	☎0997-46-3249 ／ ♀地図p.49 ／ ¥素泊まり3500円〜 ●安房港から徒歩10分の素泊まりの宿。wi-fi設備あり。
安房	ホテルオーベルジュ	☎0997-46-2344 ／ ♀地図p.49 ／ ¥1泊2食付7150円〜 ／ ●魚介類のお造りや焼き物、季節の天ぷら、島野菜の煮物など、料理が自慢の宿。
高平	ヒュッテフォーマサンヒロ	☎0997-47-3389 ／ ♀地図p.31-I ／ ¥素泊まり4500円〜 ●高平岳を背に建つ。緑と季節の花に囲まれたロッジ。安房港から🚗10分
麦生	モス・オーシャンハウス	☎080-2730-6046 ／ ♀地図p.31-I ／ ●自然を体感できる宿。 ※コロナ禍および改装工事などでしばらく休業。
平内	屋久島サウスビレッジ	☎0997-47-3751 ／ ♀地図p.31-H ／ ¥3泊〜6泊3300円、 7泊以上2700円／●3連泊以上で素泊まりのみの利用。1名用個室あり。

屋久島

TEKU TEKU COLUMN

屋久島キャンプ情報

世界遺産の島で満天の星空を眺めながらのキャンプは格別。宮之浦・屋久島高校近くの「オーシャンビューキャンプ場（☎0997-42-0091／地図p.41）」は使用料1泊500円、テントは持ち込みのみ。島内には他にも宮之浦の「海楽園キャンプ場」（☎090-5723-9083／地図p.31-C）、栗生の「屋久島青少年旅行村（☎0997-48-2871／地図p.30-G）」などがある。

屋久島で登山を楽しむ

1800mを超える山々が屹立（きつりつ）する屋久島。中でも九州最高峰・宮之浦岳は日本百名山にも選ばれ、訪れる人が多い。しかしそのアプローチは決して容易ではない。遭難事故もしばしば発生しているため、本格的な装備と登山知識、余裕をもったスケジュールが必要だ。

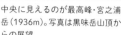

中央に見えるのが最高峰・宮之浦岳（1936m）。写真は黒味岳山頂からの展望

■ 登山届を提出する

入山者は必ず登山届を提出すること。用紙は空港、港、警察署、役場、観光案内所などで入手できる。提出先に下山後の連絡を忘れずに。屋久島観光センターでは登山保険（3泊4日まで、1500円）に加入できるので、こちらも事前に申し込みたい。

■ 必要な装備（日帰り登山の場合）

トレッキングシューズなど山用の靴、服装は動きやすい長袖のものを選ぼう。山頂は10度以上気温が下がるので、季節に合わせてしっかりとした防寒対策が必要。通気性のいい雨具も忘れずに。他に地図、コンパス、食料、水筒、軍手、タオル、救急用品、健康保険証などを準備したい。

※島には24時間営業の店がないので、食料は前日までに用意した方が良い。

■ 歩き方の注意

単独行動は避け、登山道を外れないように気をつける。歩幅は小さく、常に一定のペースで歩くと疲労がたまりにくい。滑落など事故の多くは下りで起きるので、気を抜かず足元に注意して歩こう。濡れた木の上や岩場なども滑りやすいので気をつける。

■ 自然を壊さない

近年入山者の増加による、環境破壊が問題になっている。景観を守り、後の登山者が気持ちよく歩けるためにも、動植物の採集をしない、ゴミは持ち帰るなど最低限のマナーは必ず守ること。

■ 天候を確認する

山中は麓よりさらに雨が降る確率が高い。当日麓で雨が強いようなら、無理をせずに計画を中止する勇気も必要だ。また、冬期は積雪も多く、稜線では2mに達することもある。日帰り登山の場合は日の出と日没の時間もしっかりと把握し、早めの出発を心がけたい。

日没時間の目安（2017年のデータ）

	1月	2月	3月	4月	5月	6月
日没	17:25〜17:51	17:52〜18:15	18:16〜18:37	18:37〜18:57	18:58〜19:17	19:18〜19:27

	7月	8月	9月	10月	11月	12月
日没	19:15〜19:27	18:43〜19:14	18:05〜18:42	17:30〜18:03	17:14〜17:29	17:14〜17:25

登山届

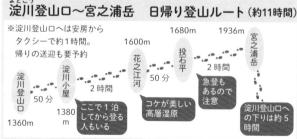

淀川登山口〜宮之浦岳　日帰り登山ルート（約11時間）

※淀川登山口へは安房からタクシーで約1時間。帰りの送迎も要予約

淀川登山口 1360m
50分
淀川小屋 1380m　ここで1泊してから登る人もいる
2時間
花之江河 1600m　コケが美しい高層湿原
50分
投石平 1680m
2時間　急登もあるので注意
宮之浦岳 1936m　淀川登山口への下りは約5時間

※宮之浦岳、モッチョム岳、太忠岳の日帰り登山情報は、切りとり地図オモテ面の下段も参照。

奄美群島

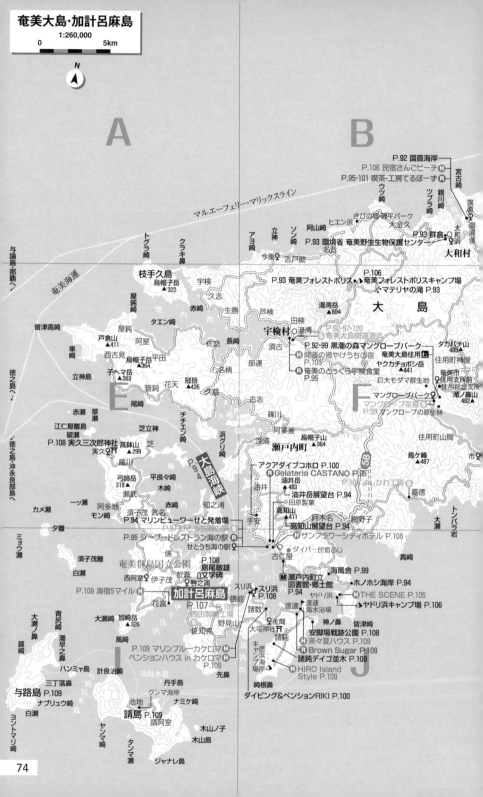

奄美大島・加計呂麻島

1:260,000

0　　　　5km

N

奄美大島
とはこんな島

DATA

周囲	461.0 km
面積	712.52 km²
最高標高	694m(湯湾岳)
人口	6万2148人

いまだ手付かずの自然が残る
東洋のガラパゴス

　鹿児島市から南南西へ約380kmの海上にある奄美大島は、その面積約712km²と国内の離島の中でも五指に入る大きさだ。第二次世界大戦後、一時はアメリカの統治下におかれたが、1953年日本に復帰。北部の海岸には美しいサンゴ礁が広がり、亜熱帯原生林が繁茂する中南部には珍しい野生動物が生息する。行政・文化の中心は名瀬で、飲食店などはここに集中している。また1300年の歴史を誇る大島紬や油井の豊年踊りなど、独自の文化や習俗が色濃く残る島でもある。

奄美大島

エリアの魅力

ビーチ
★★★★★
アクティビティ
★★★★
グルメ
★★★★

北部の土盛海岸や倉崎海岸など、美しいビーチが点在。金作原生林の散策やマングローブの森でのカヌーなど、奄美の自然に触れよう。郷土料理の鶏飯や黒糖焼酎も味わいたい。

手つかずの自然と伝統文化が
脈々と生き続ける亜熱帯の島

貴重な固有生物を森に育み、美しいビーチが魅力的な奄美大島。この島は自然だけでなく、島唄や旧跡をはじめ多くの文化遺産も有している。これらをじっくり堪能するためにも、余裕をもったプランでめぐることをおすすめしたい。

奄美大島への行き方

航空便では鹿児島からの便以外に、東京（羽田／成田）、大阪（伊丹／関西）、福岡からも直行便が出ている（p.19参照）。海路は、鹿児島からフェリーが運航（p.20参照）。

島内の交通

奄美大島を観光で回る交通手段としては、レンタカー、バス、タクシーがある。レンタカーは空港前や名瀬中心部に営業所が多くあり、3泊4日あれば島内の主な観光スポットを回ることができる。バスで回ることを考えているなら、路線によっては便数が限られているので、滞在日数に余裕をもっておこう。

また、グループで効率よく主要観光スポットを回りたいなら、タクシーを貸し切って運転手のガイド付きで楽しむのもいい。

観光の問い合わせ

奄美大島観光案内所
☎0997-57-6233
あまみ大島観光物産連盟
☎0997-53-3240
奄美市紬観光課
☎0997-52-1111
奄美群島観光物産協会
☎0997-58-4888
龍郷町企画振興課
☎0997-62 3111
大和村企画観光課
☎0997-57-2111
宇検村役場
☎0997-67-2211
瀬戸内町水産観光課
☎0997-72-1115

交通の問い合わせ

🚌バス
しまバス
☎0997-52-0509
🚕タクシー
エヌ・ワンタクシー
☎0997-52-3223
田中タクシー
☎0997-52-6000
大島タクシー
☎0997-52-2235

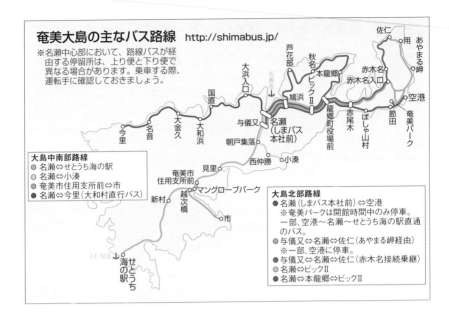

奄美大島の主なバス路線　http://shimabus.jp/

※名瀬中心部において、路線バスが経由する停留所は、上り便と下り便で異なる場合があります。乗車する際、運転手に確認しておきましょう。

大島中南部路線
- ◉ 名瀬⇔せとうち海の駅
- ◉ 名瀬⇔小湊
- ◉ 奄美市住用支所前⇔市
- ◉ 名瀬⇔今里(大和村直行バス)

大島北部路線
- ◉ 名瀬(しまバス本社前)⇔空港
　※奄美パークは開館時間中のみ停車。
　一部、空港〜名瀬〜せとうち海の駅直通のバス。
- ◉ 与儀又⇔名瀬⇔佐仁(あやまる岬経由)
　※一部、空港に停車。
- ◉ 与儀又⇔名瀬⇔佐仁(赤木名接続乗継)
- ◉ 名瀬⇔ビックⅡ
- ◉ 名瀬⇔本龍郷⇔ビックⅡ

荷物を持ち歩く必要などもなく、快適に島を移動できる。予算や時間、内容に合わせて、コースを設定することが大切だ。

●レンタカーを利用する

島内をくまなく回るなら、やはりレンタカーがベストだ。平均相場は軽自動車で1日3500〜6500円。店舗は奄美空港前と名瀬に集中している。GWや夏期シーズンは早めに予約をしておこう。レンタカー会社によっては、空港⇔名瀬で乗り捨てができるので、うまく活用したい。

●バスを利用する

奄美大島の主なバス路線は、上図のように名瀬を中心に南北に広がっており、「しまバス」というバス会社が路線バスを運行している。空港と名瀬中心部を結ぶ利用度の高い路線は、1日15往復運行しており、運賃は1100円。

名瀬から南部の海の駅(古仁屋)までは、1日11往復運行していて、運賃は1400円。路線バス乗り放題の乗車券もあり、1日券が2100円、2日券が3150円、3日券が4200円。また奄美パークへは、開園日の開園時間のみバスは乗り入れている。

基本的に、バスは飛行機の時刻に合わせて発着。飛行機が遅れても、たいてい待ってくれる

●タクシーを利用する

名瀬での移動はタクシーが便利。中心部のホテルに滞在していても、少し離れた居酒屋やバーで酒を飲んだ後や、翌日船に乗船する際の港までの移動に役立つ。タクシーの初乗りは520円。

🚗レンタカー
奄美レンタカー
☎0997-55-2633(空港)
☎0997-54-1421(名瀬)
西郷レンタカー
(空港・名瀬 電話番号同)
☎0997-63-2388
トヨタレンタリース
☎0997-63-0100(空港)
☎0997-54-0100(名瀬)
タイムズカーレンタル
☎0997-63-0240(空港)
ニッポンレンタカー
☎0997-55-2400(空港)
オリックスレンタカー
☎0997-63-1201(空港)
島レンタカー
☎090-2716-6569(名瀬)
なかむらレンタカー
☎0997-72-3010(古仁屋)

🏍レンタバイク・サイクル
内山商事
☎0997-52-0211(名瀬)

奄美大島を上手に旅するヒント

　奄美大島の外周は約460km。移動にはレンタカーが便利だが、バスでも、あやまる岬、マングローブパーク、大浜海浜公園、大島紬村といった、主要の観光スポットへはほとんどアクセスが可能だ。タクシーは名瀬やその近郊での移動に役立つ。サンゴ礁の美しいリゾートライフを過ごすには島内北部、グルメを堪能したいなら名瀬、亜熱帯の原生林や大島海峡などのダイナミックな自然美を楽しむなら島内中南部と旅行目的によって、エリアを使い分けたい。

●奄美大島を旅するはじめの一歩

　奄美大島へのアクセスでは飛行機を利用する旅行者が多いが、まずは空港から車で5分のところにある「奄美パーク」(p.81)に立ち寄ろう。ここで、奄美大島の特異な自然や歴史などを予習してから旅するといいだろう。レンタカーで移動するなら、北部の美しい海岸をめぐるのもいい。

●名瀬近郊の朝夕の渋滞に注意！

　島の中心部・名瀬の近郊では、朝8〜9時頃と夕方5〜6時頃に車の渋滞が予想される。とくに名瀬から龍郷の区間はかなり混雑するため、この時間に市街地を車で移動するなら余裕をもって行動しよう。

TEKU TEKU COLUMN

奄美の原風景を訪ねてみる

　大島海峡を挟んで奄美大島の対岸にある加計呂麻島(p.107)は、素朴な風情の島として離島好きにも人気。
　奄美で「シマ」とカタカナで表記する言葉は、集落を意味することもある。かつて陸路が整備されていない時代は、シマの行き来は専ら船。そんな流通の歴史もあるせいか各シマには独特の文化が息づいていることも多い。素朴なシマの個性を感じてみるのもいいだろう。写真は奄美大島の西端にある西古見集落。

島内の道路状況はしっかり確認を！

　奄美大島は外周が広く、車の運転は意外と時間がかかる。目安としては、北部の奄美空港から中心部の名瀬までは約50分、名瀬の市街地から南部の古仁屋までは約1時間ほど。名瀬と古仁屋の中間地点に、道の駅・大島住用があるので、ここで休憩しておこう。
　なお、奄美大島では悪天候時に道路が荒れることもしばしば。とくに島内中南部では主要道路以外は、道幅が狭いルートが多く、台風や大雨時には土砂崩れの危険性もある。悪天時には役場などで道路状況を確認して、安全な旅を心がけよう。

枝手久島

西古見

実久

瀬相

西阿室

加計呂麻島

与路島

請島

大島海峡で海中散歩

　コバルトブルーの海が一面に広がる大島海峡は島内随一のダイビングスポット。ライセンスがなくても、体験ダイブやシュノーケリングで奄美の幻想的な水の世界を体感できるので、各ダイビングショップへ問い合わせてみよう(→p.100)。

笠利崎

蒲生崎

あやまる岬
土盛海岸

笠利湾

倉崎海岸
龍郷町

大浜海浜公園■

名瀬港

♨国直

奄美空港⊕
奄美パーク

群倉
大和村

名瀬
奄美市

ビッグⅡ●

●手広海岸

今里♨

●奄美フォレストポリス
湯湾岳
▲694

金作原原生林

宇検村

●本場奄美大島紬泥染公園

黒潮の森マングローブパーク■
マングローブの原生林

瀬戸内町

油井●油井岳展望台
嘉徳

●高知山展望台

古仁屋

大島海峡
●ホノホシ海岸

♨生間
諸鈍

奄美大島の伝統工芸を体験

奄美大島には1300年の歴史を誇る大島紬をはじめ、藍染めや草木染めといった伝統工芸が今も息づいている。体験可能な施設もあるので、興味があれば、是非挑戦してみよう（→p.101）。

島の北部の美しい海

島内北部は土盛海岸や倉崎海岸など、美しいビーチが多い。リゾートホテルが建ち並ぶのもほとんどこのエリアなので、優雅にステイを楽しみたいなら北部を起点にプランを考えよう。

パノラマビューを堪能

奄美大島と加計呂麻島の間で、青く澄み渡った海と、複雑なリアス式海岸が織りなす大島海峡。その美しい風景美を高台から一望できるビュースポットが、高知山展望台と油井岳展望台だ。どちらも古仁屋から車で25分ほどの山間にある。

奄美の川を楽しむ

住用川と役勝川が合流するデルタ地帯には、71ヘクタール以上にも及ぶマングローブが群生する。ぜひカヤックツアーに参加して、自然探索を楽しみたい。各ツアーガイドではさまざまなプランを用意している（→p.98〜99）。

FM放送はいかが？

島内のラジオ局「あまみエフエムディ！ウェイヴ」では、各イベントや島に縁のあるミュージシャンの歌、交通状況など、奄美に関する耳寄りなトピックを放送。車を借りたら、周波数をFM77.7MHzに合わせてみよう。他にもエフエムうけん（FM76.3MHz）とエフエムせとうち（FM76.8MHz）が開局。

レンタカー活用術

島内のレンタカー店は、空港付近と名瀬に店舗が集中。その両方に店舗のある会社でも、乗り捨てに料金がかかることも。南部の古仁屋にも店舗はあるが、基本的に名瀬や空港での返却不可。南部の移動のみに使おう。

加計呂麻島をレンタカーで回る場合、古仁屋からのフェリー航走料（車両全長3〜4m未満で往復約5950円）も考え、加計呂麻島で借りるかどうかも検討しよう。

おおしまほくぶ 　地図p.75-C・D

大島北部

　土盛海岸や倉崎海岸をはじめ、サンゴ礁の広がる美しいビーチが多い島内北部。奄美自然観察の森や蒲生崎公園でのバードウォッチングも楽しい。

見る＆歩く

あやまる岬
あやまるみさき

地図p.75-D
奄美空港から🚗10分

　奄美十景にも数えられている景勝地。岬からの眺望は抜群で、眼下にはエメラルドグリーンに輝くサンゴ礁の海岸、さらに晴天時には遠方の喜界島までもが一望できる。あやまる岬という名称は、岬の地形がこんもり丸く、昔の遊具 "あや織りの毬" に似ていることから命名された。エリア内には家族で楽しむのに最適な、かさりあやまる園地もある。

干潮時は一面にサンゴ礁が現れるあやまる岬

奄美市歴史民俗資料館
あまみしれきしみんぞくしりょうかん

地図p.75-D
奄美空港から🚗10分

　島の北部は多くの遺跡が発見された地で、館内では各遺跡から発掘された出土品を展示。他にも昔の農具や祭具が見学でき、奄美の民族史を知る上で興味深い。

🎵 0997-63-9531
🕘9:00～12:00、13:00～17:00
🈯月曜(祝日の場合は翌日休)
💰200円　🅿あり

笠利崎
かさりざき

地図p.75-D
奄美空港から🚶25分

　島内最北端にある岬。ソテツが生い茂る細い階段道を、笠利崎灯台まで上っていくと、コバルトブルーの海と美しいサンゴ礁がパノラマビューで見渡せる。

奄美大島へ来たらまずここで予習を

奄美パークで自然と文化を知る

島内北部に位置しているアカデミックパーク。奄美群島の美しい自然、歴史や文化などをわかりやすく解説した奄美の郷と、奄美の自然をこよなく愛した画家・田中一村記念美術館の2大施設からなる。

奄美の郷
あまみのさと

奄美群島全体の自然や文化をジオラマ、ハイビジョン映像、各種パネルで興味深く紹介。瀬戸内町の民家を移築した「遊びの庭」の縁側ではおじいさんの人形が、島の伝説の妖怪ケンムンについて語ってくれる。また2Fレストラン「たかくら」では鶏飯や豚骨などの郷土料理が味わえる。

奄美パーク
地図 p.75-D　奄美空港から道の島交通バス名瀬行き5分、♀奄美パーク下車すぐ
♪ 0997-55-2333　⏱ 9:00〜18:00（7、8月は9:00〜19:00）　休 第1・3水曜（祝日の場合は翌日休／GW、夏休み、年末年始は開館）　¥ 奄美の郷310円／田中一村記念美術館520円／共通券630円　P あり

一村の路展望台
いっそんのみちてんぼうだい

パーク内には展望台もある。施設の全景はもちろん、青く澄み渡る太平洋までも望むことができる。なお、展望台の施設利用は無料。

TEKU TEKU COLUMN

田中一村記念美術館
たなかいっそんきねんびじゅつかん

奄美大島を愛した画家、田中一村の作品と画業を展示している施設。館内には作品70数点を年代別に紹介する常設展示室、彼の生涯を上映するガイダンス室、画集を販売しているミュージアムショップなどがある。

奄美をこよなく愛した孤高の画家 田中一村とはこんな人物

明治41年に栃木県に生れた田中一村は、18歳で東京美術学校（現在の東京芸術大学）に入学するも2カ月で退学。その後は中央画壇とは一線を画し、独自の画風を追求する。

50歳で旅行先の奄美大島の自然に惚れ込み、移住を決意。清貧の中で時には紬工場で働きながら、鳥や木々、海といった奄美の自然を描き続けた。昭和52年、無名のままその生涯を終えた。享年69歳。

原ハブ屋奄美
はらはぶやあまみ

地図 p.75-D
奄美空港から🚗8分

昭和23年に創業したハブ製品の老舗。店内ではハブの皮や骨から作られたアクセサリーやハブ油などを販売している。また店主の原さんの熱演による「ハブと愛まショー」は必見。ショーは1日3回（11時、14時、16時）行われ、原さんがハブを巧みに操りながら、時折ジョークを交え、ハブの種類や形態、生態などについて興味深く解説してくれる。

📞 0997-63-1826
🕐 9:30～19:00 　🈂 無休
💴 ショー観覧800円（要予約）　🅿 あり

大島紬村
おおしまつむぎむら

地図 p.75-D
奄美空港から🚗20分

亜熱帯の花が咲き乱れる自然豊かな園内で、工房を巡りながら、すりこみ染色やかすり合わせといった大島紬の生産工程を見学できる。泥染めや手織りは体験も可能（→P.101）。施設内ではハンカチや反物などの紬製品も販売している。

📞 0997-62-3100
🕐 9:00～17:00
🈂 無休　💴 入場料550円
🅿 あり

ケンムン村／KOYA
ケンムンむら／コヤ

地図 p.75-D
奄美空港から🚗10分

塩作り（2000円）、島唄体験や黒糖菓子作り（ともに3000円）、陶芸体験（4000円）などが体験できるテーマパーク。

また、隣接のアウトドアスペース「KOYA」では、海を見晴らせるロケーションでキャンプが楽しめる（各道具のレンタルも有）。KOYAはカフェも併設している。

📞 0997-63-1178　（📞KOYA／0997-63-2658）
🕐 10:00～17:00
🈂 無休　💴 入村料無料（体験メニューは要予約）
🅿 あり

南洲流謫跡
なんしゅうるたくあと

地図 p.75-D
奄美空港から🚗35分

安政の大獄の影響で1859年、この地に流刑となった西郷隆盛（南洲）が2年8カ月過ごした住居跡。当時の家屋が復元され、中では西郷愛用の書道具や枕などが公開されている。

📞 0997-62-3368　🕐 10:00～16:30
🈂 不定　💴 入館料200円
🅿 なし　※コロナ禍のため当分休館

買う&食べる

ばしゃ山村／郷土風レストラン

AMAネシア
アマネシア

地図p.75-D
奄美空港から🚗10分

ばしゃ山村内のレストラン。南国情緒あふれるエスニック調の店内で、腕自慢のシェフによる創作料理を味わえる。調味料には自家製の自然塩を使用。鶏飯（1320円）や笠利ウンギャル丼（1760円）、夜光貝のお造りがおすすめ。

📞 0997-63-1178
🕐 11:00～21:00（OS）
休 無休　P あり

笠利町節田／多国籍料理

多国籍料理 OHANA
たこくせきりょうり オハナ

地図p.75-D
奄美空港から🚗5分

マリンスポーツ好きのマスターが営む多国籍料理の店。

定番はロコモコや、とろとろ軟骨と奄美のもずくが入った軟骨塩炊ラーメン、イカスミオムライス、ドリンク類も豊富。

📞 0997-63-1063
🕐 11:30～15:00、
18:00～22:00
休 不定　P あり

龍郷町中勝／豆腐料理

島とうふ屋
しまとうふや

地図p.75-C
奄美空港から🚗35分

奄美の島民にとって、豆腐は身近な存在。特に正月やお盆など祭事には欠かせない食材だ。この店では島豆腐をアレンジした料理が味わえる。おすすめは島とうふ屋定食（1700円）や豆腐ハンバーグ定食（950円）。湯豆腐も素材

そのものの味が楽しめる。豆腐コロッケなどの惣菜も販売。

📞 0997-55-4411
🕐 11:00～20:00（OS）
休 無休　P あり

笠利町喜瀬／タコス&デザート

ホットペッパー

地図p.75-D
奄美空港から🚗15分

グァバやパッションフルーツ、黒糖といった島の特産品をシロップにした奄美フルーツかき氷（500円／4月中旬～11月）は、島内の若い女性にも人気。ほかにも、タコス（800円）やブリトー（800円）も好評のメニュー。

📞 0997-63-2116
🕐 12:00～18:00
休 火曜　P なし

奄美大島

奄美きょら海工房
あまみきょらうみこうぼう

地図 p.75-D
奄美空港から🚗10分

奄美産の素材にこだわったイタリア風創作料理の店。ナポリ産石釜で焼いた鶏飯ピッツア（1375円）、海の幸をふんだんに使った海人トマトソースパスタ（1100円）が絶品。

📞 0997-63-2208
🕐 11:00～17:30（OS）
休 無休　P あり

漁師料理 番屋
りょうしりょうり　ばんや

地図 p.75-D
空港から🚗30分

ご主人が漁師で漁船を持っているため、その時期にとれた新鮮な海の素材が味わえる。人気はキハダマグロやカツオなどの赤身魚や、ミズイカや貝類がのった海鮮丼（具は時期によって異なる）で1540円。海ぶどう丼は1320円。

📞 0997-62-2125
🕐 11:30～14:30（OS）
　17:00～20:00
休 水曜・日曜夜　P あり

La Fonte
ラ フォンテ

地図 p.75-D
奄美空港から🚗15分

オープンキッチンで毎日手作りされる、おいしくて体にやさしいと評判のジェラート。自家農園で栽培したトロピカルフルーツや野菜を中心に、奄美産の黒糖や塩など、常時約10種のフレーバーが楽しめる。ダブルは480円、トリプルは620円でテイクアウトも可。カプチーノは500円。

📞 0997-62-3935
🕐 11:00～17:00
　（土・日・祝は18:00まで）
休 火曜　P あり

浜千鳥館／奄美大島酒造
はまちどりかん／あまみおおしましゅぞう

地図 p.75-D
奄美空港から🚗20分

龍郷町にある奄美黒糖焼酎館。良質の黒糖と、ミネラル分の高い自然硬水を使って熟成させた「浜千鳥の詩」や「高倉」の醸造・販売を行っている。また工場では、奄美黒糖焼酎の製造過程が見学可能（平日のみで要予約）。製造期は10月～11月、1月～6月）。

📞 0997-62-3778
🕐 9:00～17:00
休 無休　P あり

みなみくんの卵 こっこ家
みなみくんのたまごこっこや

地図 p.75-C
奄美空港から🚗32分

毎朝自家農場から直送された卵をたっぷり使ったスイーツが人気。麦飯石や糖蜜を混ぜたエサを食べた鶏から産まれたこの卵は、濃厚でしっかりとした甘味がある。こっこぷりん（240円）やこっこシュー（185円）、こっこロール（1134円）などがおすすめ。

📞 0997-62-5511
🕐 11:00～19:00
休 第2・3火曜　P あり

ビッグⅡ
ビッグツー

地図 p.75-C
奄美空港から🚗30分

食料品に日用雑貨、化粧品から、釣具や家電までも豊富に取りそろえた大型スーパー。特産品コーナーでは奄美黒糖焼酎や黒糖菓子、奄美みそなど、島内の味覚が充実。おみやげを買うのにも便利だ。

📞 0997-55-4100
🕐 10:00～20:00
休 不定　P あり

なぜ　　地図 p.75-C

名瀬

奄美市の中心地で、海の玄関口・名瀬港周辺には、ホテルや飲食店が密集している。市街を離れると大浜海浜公園や金作原原生林のような自然味あふれる場所が点在。

見る＆歩く

おがみ山公園
おがみやまこうえん

地図p.85
奄美市役所から🚶10分

名瀬港の南、高さ97mのおがみ山山頂にある公園。公園内には繁華街や港を一望できる展望広場をはじめ、昭和28年に奄美群島が日本へ復帰したことを祝して設けられた記念広場、薬草園などが整備されている。

奄美観光ハブセンター
あまみかんこうハブセンター

地図p.85
名瀬港から🚶15分

ハブの飼育場を見学したり、ハブVSマングースの迫力あるバトルをビデオ観戦できる施設。ハブの形態や生態をていねいに解説してくれる。ミニハブ酒（360円～）やハブ皮製品（1200円～）の販売も。

📞 0997-52-1505
🕘 9:00～17:00　🈵 無休
💴 入館料500円　🅿 あり

名瀬（奄美市）
1:21,700
0　　　400m

鹿児島・喜界島・徳之島・与論島・那覇へ

名瀬長浜町　🚨奄美署
P.85 奄美観光・ハブセンター
🎵徒歩8分
金久中🏫
名瀬港旅客待合所
🅿塩浜
名瀬塩屋町
誇羅司屋 R P.87
居酒屋脇田丸 P.87
ならびや P.87
郷土料理春 P.88
ASIVI R P.88
島唄の味吟亭 P.90
架空食堂 Kurau P.88
観光ネットワーク奄美 P.98
奄美市役所
名瀬小 P.90 かさみ R
高千穂神社
P.85 おがみ山公園
地方卸売市場
🅿 ホテルニュー奄美 P.106
P.87 カフェ・キョール R
Hホテルウエストコート奄美 P.106
Hホテル・レクストン奄美セントラル P.106
🅂あまみ庵
奄美サンプラザホテル P.105
名瀬港大橋
御殿浜公園
名瀬漁協
トヨタレンタカー
🅂酒屋 まえかわ P.88
名瀬港町
🅂集中身まなつめるのにし P.88,97
🅂優飯 P.87
名瀬郵局
南日本🏦
🅂しまバス本社前
🅂鳥しん P.89
🅂セントラル楽器 P.91
内山商事 P.77（レンタバイク）
名瀬永田町
奄美自然学校 P.99
名瀬小浜町
イオンプラザ
奄美空港へ
奄美空港へ
名瀬久里町　名瀬石橋町
瀬戸内へ
大島支庁　🏫大島高
N

奄美大島

奄美市立奄美博物館
あまみしりつあまみはくぶつかん

地図p.75-C
奄美空港から🚗50分、名瀬港から🚗4分

国内本土や琉球、さらに東南アジア諸国からも影響を受けた奄美の歴史や文化を学習できる博物館。「海は母」「郷土のくらしと文化」「大地と海」の3テーマに基づいて、各方面から貴重な資料を収集。大型魚船・クバヤや島内に生息する動植物のジオラマ、昔の生活用具などを展示している。

📞 0997-54-1210
🕘 9:00～17:00　🈵 第3月曜
💴 入館料310円　🅿 あり

大浜海浜公園
おおはまかいひんこうえん

地図 p.75-C
名瀬港から🚗20分

「日本の渚百選」にも選ばれ、特に夕景が美しいことで名高い大浜。夏は海水浴やマリンスポーツを楽しむ人で賑わう。園内にはアダンやガジュマルなど、亜熱帯植物が繁茂している。シャワー室やトイレも完備。ビーチでのんびりとしたひとときを過ごしたい。

奄美海洋展示館
あまみかいようてんじかん

地図 p.75-C
名瀬港から🚗20分

奄美近海に生息する魚や貝、サンゴを展示している施設。注目すべきは1Fにある高さ5mのサンゴ礁水槽。ウミガメや色鮮やかな魚たちの回遊を、海中さながらに観賞できる。ほかにも、奄美大島で採取された200種以上の貝殻を展示。海ガメにエサをあげるのも楽しい（エサは施設で用意）。

📞 0997-55-6000
🕐 9:30〜18:00　休 無休
💴 入館料500円　Ｐ あり

タラソ奄美の竜宮
タラソあまみのりゅうぐう

地図 p.75-C
名瀬港から🚗20分

大浜海浜公園に隣接するリラクゼーション施設。温めた奄美の海水を利用した「きょら海プール」では、マッサージ効果や温度差のあるコース内を周遊することで、タラソテラピーを体感できる（1040円）。

📞 0997-55-6211　🕐 10:00〜21:30
休 第2木曜　Ｐ あり

田中一村終焉の家
たなかいっそんしゅうえんのいえ

地図 p.75-C
奄美空港から🚗40分、名瀬港から🚗15分

昭和33年に奄美大島を訪れ、ここを終生の地と定めた田中一村は、ときには大島紬の染色工として働きながら作品を描き続け、昭和52年に69歳で孤高の生涯を閉じた。一村の絵には、家の近くで見られた奄美の動植物が描かれている。

本場奄美大島紬泥染公園
ほんばあまみおおしまつむぎどろぞめこうえん

地図 p.75-G
名瀬港から🚗20分

大島紬の泥染めに使う田泥を保存している公園。園内では職人による泥染めやテーチギ染めの各工程が見学できる。予約をすれば、泥染めは体験も可能（→P.101）。

📞 0997-54-9088　🕐 8:00〜17:30
休 不定　💴 入場無料　Ｐ あり

買う＆食べる

名瀬／居酒屋

お酒と肴と料理　優歩

おさけとさかなとりょうり ゆうほ

地図 p.85
奄美市役所から🚶6分

挙節ごとに手に入る島の新鮮な海や山の食材。料理は食材そのものの風味を活かしたやさしい味付け。人気は刺身盛り合わせ（1000円～）や島黒豚塩焼き（1000円）。焼酎や日本酒、ワインなど酒類のとりそろえも豊富なのがうれしい。

📞 0997-53-1585
🕐 18:00～23:00
休 日曜　P なし

名瀬／創作料理

誇羅司屋

ほこらしや

地図 p.85
奄美市役所から🚶7分

カジュアルな雰囲気の店内で味わう、郷土風の創作料理がおいしい。メニューは地豆豆腐の揚げ出し（500円）や豚の角煮（600円）、ガーリックライス（800円）など。

📞 0997-52-1158
🕐 17:00～22:30（OS）
休 日曜（日曜が祝日の場合翌月曜休）　P なし

名瀬／居酒屋

居酒屋 脇田丸

いざかや わきたまる

地図 p.85
奄美市役所から🚢7分

奄美の新鮮な魚介類を手頃な値段で食べるならここ。オーナーが漁師を営んでいるので、毎日直送で鮮度の高い素材が仕入れられる。刺身定食は693円、脇田丸飯（海鮮丼）979円、さしみ盛合わせ825円、焼酎は1杯390円から。

📞 0997-52-5008
🕐 17:00～24:00
休 無休　P なし

名瀬／居酒屋＆島唄

島唄・島酒・島料理 ならびや

しまうた・しまざけ・しまりょうり ならびや

地図 p.85
奄美市役所から🚶8分

店主の和田さんが島唄ボランティアグループの代表を務めることもあり、店にはそのメンバーである若手の唄者が

名瀬／カレー＆コーヒー

カフェ・キョール

地図 p.85
名瀬港から🚗5分

奄美大島で栽培された生うこんをベースにした奄美カレーが人気。エッグカレーやつきあげカレーはいずれも700円、島豚を使った肉カレーは750円。カレーはエッグ＆肉など、2品盛りにアレンジすることも可能だ（900円）。

📞 0997-69-3821
🕐 11:00～17:00
休 水曜　P あり

集まり、時折ライブを披露してくれる。メニューは田舎料理8品＆飲み放題コース4000円。奄美黒糖焼酎も180種類以上と、奄美のブランドをほぼ味わえるかという充実ぶり。油ぞうめんは750円。

📞 0997-54-5555
🕐 18:00～23:30
休 不定　P あり

ASIVI
アシビ

地図 p.85
奄美市役所から 🥾 8分

週末になると、島の若者で賑わうライブハウス。ロックやレゲエの演奏に、時には島唄をコラボするなど奄美らしい音楽シーンも楽しむことができる。通常営業時のチャージは500円。

📞 0997-53-2223
🕐 20:00〜翌3:00
🈺 火曜 🅿 なし

郷土料理 春
きょうどりょうり はる

地図 p.85
奄美市役所から 🥾 8分

島人にも愛されている、奄美大島の昔ながらの郷土料理を堪能できる店。定番メニューは油ソーメン（800円）や鶏飯丼（900円）だが、一度好きになるとたまらない山羊汁（1200円）や、カリッとした香ばしさのタナガ（川エビ）の唐揚もぜひ味わってほしい。焼酎の種類も豊富で、1グラス400円から。女将さんのやさしい気配りも心地よい。

📞 0997-52-7628
🕐 17:30〜23:00
🈺 日曜 🅿 なし

架空食堂 Kurau
かくうしょくどう くらう

地図 p.85
奄美市役所から 🥾 6分

どこか懐かしい雰囲気の中で、気軽に洋風の家庭料理が楽しめる。料理には可能な限り地場の素材を使用。豚を半頭仕入れて作るという自家製ソーセージ（880円）、エビや季節のフルーツをオリーブ＆ニンニクで煮込んだエビの溺れ風呂（990円）が絶品だ。

📞 070-5817-0493
🕐 18:00〜24:00ごろ
🈺 不定 🅿 なし

あまみ庵
あまみあん

地図 p.85
奄美市役所から 🥾 4分

他では類を見ないほど、奄美に関連する書籍類が充実している書店。探している本があれば、店主の森本さんに気軽に尋ねてみよう。

📞 0997-54-1611
🕐 10:00〜20:00
🈺 無休 🅿 なし

酒屋まえかわ
さかやまえかわ

地図 p.85
奄美市役所から 🥾 8分

奄美黒糖焼酎の品ぞろえが豊富な酒屋。店内には奄美群島内の300種類以上の銘柄が陳列されている。小まめに足を運べば、島内の入手しにくいお酒に出合えるかも。

📞 0997-52-4672
🕐 10:00〜21:00
🈺 日曜 🅿 あり

年中夢求 つむぎのにし
ねんじゅうむきゅう つむぎのにし

地図 p.85
奄美市役所から 🥾 4分

絹の光沢と泥染めの深い色合いが見事な大島紬。その大島紬の専門店で、本格的な反物はもちろんのこと、小物やアクセサリーの品ぞろえも豊富。小物では黒うさぎポーチ（2200円）や福来郎（792円）、コースターなどが人気。

📞 0997-53-5296
🕐 10:00〜19:00
🈺 不定 🅿 なし

奄美の代表的な郷土料理

鶏飯を味わう

約400年前に薩摩役人の歓待料理として誕生した鶏飯。
ご飯に鶏肉や椎茸、錦糸卵をのせ、鶏ガラスープをかけて
食べる奄美の代表的な郷土料理を心ゆくまで堪能あれ！

鶏飯を味わう

鶏飯元祖みなとや
けいはんがんそみなとや　　　地図p.75-D

かつては炊込み飯だった鶏飯を現代のスタイルに改良したのが、先代の岩城キ子さん。細かく刻んだ鶏肉や椎茸、錦糸卵などの具に自家製パパイヤ漬けが加わり、鶏飯に絶妙なアクセントを醸し出す。鶏飯1100円。

📞0997-63-0023
📍奄美空港から🚗10分
🕚11:00〜
　無くなり次第終了
休不定／🅿あり

Forest
フォレスト　　　地図p.75-D

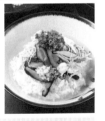

スープは島内北部の養鶏所で育った鶏を丸ごと水から煮出し、島の醤油で味付けしたもの。そこに地鶏の錦糸卵や自家製パパイヤ漬け、自家農園のネギなどを乗せ、素材の旨味を活かした味付けに。鶏飯1100円。

📞0997-62-2385／🚗奄美空港から🚗20分
🕚11:30〜16:00、18:30〜22:00　休無休／🅿あり

けいはん ひさ倉
けいはん ひさくら　　　地図p.75-D

島内でも1、2位を争う人気店。材料には直営農場で放し飼いにされた鶏のみを使用。それだけに肉にはしっかりとした歯ごたえがあり、ガラスープも一味違う。最後に、地鶏卵に醤油をかけていただくのがひさ倉流だ。鶏飯1100円。

📞0997-62-2988／📍奄美空港から🚗20分
🕚11:00〜20:00(OS)／休無休／🅿あり

奄美鶏飯と島料理の鳥しん　地図p.85
あまみけいはんとしまりょうりのとりしん

鳥料理を中心に扱う店だけに素材の旨味を引き出すのはお手のもの。特筆すべきは鶏ガラに野菜などを加え、10時間以上も煮込んだブイヨン風の鶏ガラスープ。具にレモンの皮を使用しているのも個性的。鶏飯1100円。

📞0997-53-6515
📍奄美市役所から
🚗6分
🕚11:00〜23:00
休無休／🅿あり

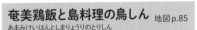

いろいろ食べ比べてみよう！

懐かしいメロディーが心に染み渡る

奄美の島唄

哀愁漂うメロディーと、独特の歌唱方法。
島の生活や美しい自然を礎に誕生した唄は、
聴く者の心をとらえて離さない。

奄美の文化を語る上で忘れてならないのが島唄だ。島の生活や美しい自然を礎に、喜怒哀楽のさまざまな想いを込めて作られた唄の多くは、先人たちから口伝えで継承されてきた。奄美の島唄が沖縄のそれと大きく異なるのは、唄者（島唄を歌う人）の多くが、船大工、看護士、学校の先生など、他に本業を持っている点。島での実生活があってこそ、

身近で島唄が聴けるのも奄美ならでは

島の心を奏でられるというのが彼らの考え方だ。

奄美の島唄で特に印象的なのが、心に響く独特の裏声。それは女性の

最後は六調と呼ばれる独特な手踊りで、催しをしめくくる

唄者の声域に男性が合わせるために生まれたとか、島に生息するとされる伝説の妖怪・ケンムンに存在を認識されないためなど諸説ある。

また唄には地域性があり、穏やかなリズムの北部のカサン唄、抑揚の強い南部のヒギャ唄に大別され、各集落ごとでも微妙に歌い回しが異なっている。下記の店以外にも、島唄を聴けるスポットがあるので、音楽店などで随時確認をしてみよう。

島唄をライブで聴ける店

名瀬／郷土料理

かずみ

地図 p.85
奄美市役所から🚶2分

ベテラン唄者・西和美さんの店。普段は厨房で料理を作っている和美さんが、三線の伴奏にあわせて、自慢の唄声を聴かせてくれる。島唄を聴きたい方は予約時に確認のこと。郷土料理のおまかせコースは3500円〜。

名瀬／郷土料理

島唄の味 吟亭
しまうたのあじ ぎんてい

地図 p.85
奄美市役所から🚶9分

小料理に舌鼓を打ちながら、実力派の唄者・松山美枝子さんの島唄が聴ける店（唄は要予約）。島料理おまかせコース1ドリンク付4000円。

☎ 0997-52-5414
🕐 17:00〜23:00
❌不定 Ｐなし

☎ 0997-52-9646
🕐 18:00〜21:30
❌不定 Ｐなし

島唄界の大御所・坪山 豊さんが語る

島唄を楽しむコツ

実際に居酒屋やライブハウスで島唄を聴く機会があったら、どのようにするとより唄を楽しめるのだろうか。大ベテランの唄者・坪山豊さんにアドバイスをいただいた。

　まずは心の感じるまま聴いて、最後は皆で踊っちゃうといいよ。その際、できれば唄の意味を教えてくれる人をその場で探すこと。唄者でも、店や地元の人でもいい。唄の意味を知れば、思い入れも深くなるし、何よりその"尋ねる"という行為によって、島の人達とコミュニケーションがとれるから。一緒に唄うことや、踊ることもそうだけど、島唄によってその場の人達と、一体感が生まれるのは本当に楽しい。それもまた島唄の魅力だよね。

　さらにもっと興味が出てきたら、代表的な唄をいくつか覚えておくといいよ。島唄は同じ歌詞でも、唄者によってリズムがまったく違う。僕の場合は、長らく船大工だったので、木槌をトントントンと打つリズムが唄に影響を与えていると思う。唄には唄い手の職業や感性、想いや経験などが表れてくるんだ。同じ曲での唄者のリズムの違いが楽しめるようになれば、それはもう立派な島唄通だよ(笑)。

坪山 豊
(つぼやまゆたか)
1930年、奄美大島宇検村生まれ。職業は船大工。哀歓に満ちた声色と独自のリズムで奄美島唄界を牽引してきた。自ら世界公演も行う一方で、多くの唄者を指導してきたことでも有名。『坪山豊・決定盤(セントラル楽器)』

島唄をCDで聴く

美しい自然や島の生活が育んだ独特なメロディー。島内の音楽ショップやインターネットを利用して、自分好みの一曲に出合おう。

島唄のCDを買うなら

●セントラル楽器　📍地図p.85
📞0997-52-0530　🕙10:00～19:00
http://www.simauta.net/　休 無休

●当原ミツヨ
紬織りをしながら、島唄を唄い続けた主婦が、ついに第12回日本民謡大賞で大賞を受賞。『野茶坊抒情(セントラル楽器)』

●中村瑞希(みずき)
旧笠利町出身で島の北部に伝わるカサン唄を得意とする。平成11年鹿児島県民謡王座決定戦での準優勝。『うたの果実(JABARAレコード)』。

●貴島康男
10歳から坪山氏に指導を受け、鹿児島県民謡王座決定戦での優勝など、数々の栄冠を勝ち取る。『あやはぶらの唄(セントラル楽器)』

●サーモン&ガーリック
島唄を歌いながら、ときにはコミカル&巧みなトークでステージを盛り上げる人気の二人組。『寿ハブマンショー!!(デイ!レコード)』

大島中南部

大島の中南部には湯湾岳やマングローブ原生林、大島海峡といった、自然美豊かな景勝地が多い。また島内南部の瀬戸内町は今も独自の文化や習俗が色濃く残るエリア。

見る＆歩く

黒潮の森　マングローブパーク
くろしおのもり　マングローブパーク

地図p.74-F
名瀬港から🚗37分

道の駅「奄美大島住用」が併設されている公園施設。奄美の自然や動植物をシアターやパネルで紹介しているマングローブ館には、リュウキュウアユの観察室もある。また、遊歩道で展望台に上れば、マングローブが群生する住用川のデルタ地帯を望むことができる。マングローブ原生林の自然を体感できるカヌーツアー（→P.99）も随時開催している。

📞 0997-56-3355
🕐 9:30〜18:00
🈴 無休
💴 入園料500円　🅿 あり

奄美大島開運酒造
あまみおおしまかいうんしゅぞう

地図p.74-F
名瀬港から🚗1時間

奄美黒糖焼酎「れんと」や「紅さんご」の酒造元。とくに約3カ月間、タンクの中でクラシック音楽を聞かせて貯蔵させる「れんと」の製造工程は一見の価値あり（見学要予約）。写真データ持ち込めば、オリジナルラベルのれんとも購入可（1050円）。

📞 0997-67-2753（工場見学は要予約）
🕐 8:00〜17:00
🈴 無休（年末・年始のみ休）

国直海岸
くになおかいがん

地図P.74-B
名瀬港から🚗35分

国直集落にある白い砂浜とコバルトブルーの海のコントラストが美しい海岸。サンセットシーンも幻想的だ。初夏にはウミガメが産卵のために上陸する。集落にはフクギの並木も。国直集落では多くの体験観光ツアーを開催（問い合わせ：TAMASU／📞0997-57-2828）

群倉
ぽれぐら

地図 p.74-B
名瀬港から🚗40分

　昔の奄美の島民は穀物を湿気とネズミ害から守るために、高床式の倉を造って貯蔵（貯蔵場所は茅葺き屋根の内部）していた。現在、大和村ではこの高倉7棟が群となって保存されている。群倉は釘を1本も使わずに、木材を巧みに組み合わせて造られており、建築学上においても貴重な建造物だ。

環境省奄美野生生物保護センター
かんきょうしょうあまみやせいせいぶつほごセンター

地図 p.74-B
名瀬港から🚗40分

　奄美群島にはアマミノクロウサギやオオトラツグミといった絶滅の怖れのある野生動物が生息している。この施設ではシアター映像や写真を使用して、奄美固有の生物やその生態系について詳しく解説。野生動物保護の理解や関心を深めるために、ぜひとも足を運びたい。

☎ 0997-55-8620
🕐 9:30〜16:30
休 月曜、年末年始
¥ 入館無料　P あり

奄美フォレストポリス
あまみフォレストポリス

地図 p.74-F
名瀬港から🚗1時間

　奄美大島最高峰・湯湾岳（ゆわんだけ）（694m）の周辺に広がる森林公園。園内は4つのゾーンに分かれ、最も奥の「渓流ゾーン」には高さ12mのマテリヤの滝があり、整備された遊歩道で散策が楽しめる。また、水生植物を観賞できる「水辺のゾーン」、オートキャンプ場やバンガローを完備した「キャンプゾーン（→P.106）」では、緑豊かな奄美の森を満喫したい。

　湯湾岳へ登るなら、キャンプ場から車で約20分の登山口まで行き、そこから山頂まで徒歩で約30分。途中の神社にある展望台から望む奄美の深い森は絶景（写真上）。

☎ 0997-58-3166
🕐 遊戯施設は9:00〜17:00で無休（キャンプ場内の飲食施設は11:30〜14:30で月曜休）
P あり

神秘的な滝壺に水をたたえるマテリヤの滝

大島海峡
おおしまかいきょう

地図p.74-E、F、I、J
名瀬港から🚗1時間10分

　奄美大島と加計呂麻島のリアス式海岸にはさまれた、波穏やかなマリンブルーの内海。島内屈指の景勝地として名高く、特に高知山展望台や油井岳展望台からの眺望は抜群だ。海の透明度も高く、ダイビングスポットも数多く点在している。

TEKU TEKU COLUMN

海中の楽園へ出かけよう！

　「マリンビューワーせと」は半潜水式の水中観光船。大島海峡の色鮮やかなサンゴ礁やその間を泳ぐ熱帯魚を観察できる。乗船時間は約35分。発着場（地図p.74-J）は古仁屋港内にあり、1日7回運航。

♪ 0997-72-1326　🕘9:30(1便)～16:30(7便)
🈺 無休(荒天時は休航)
💴 乗船料2500円(要予約)

瀬戸内町立図書館・郷土館
せとうちちょうりつとしょかん・きょうどかん

地図p.74-J
古仁屋港から🚢16分

　加計呂麻島とゆかりの深い作家・島尾敏雄の文学コーナーを開設し、彼の著作や関連資料を展示。2Ｆの郷土館では油井豊年踊りや諸鈍シバヤの資料、ノロ（祝女）関連の祭具などを展示している。

♪ 0997-72-3799
🕘9:00～18:00(日曜・祝日は17:00まで)
🈺 月曜　💴 入館無料　🅿️あり

ホノホシ海岸
ホノホシかいがん

地図p.74-J
古仁屋港から🚗20分

　太平洋の荒波に洗われて丸くなった石が一面を埋め尽くし、周囲では切り立った岩壁が雄壮な景観を生み出している海岸。さらに南端へ進んだ位置にあるヤドリ浜にはキャンプ場もある（→p.106）。

買う＆食べる

国直／喫茶＆工房

喫茶・工房てるぼーず
きっさ・こうぼうてるぼーず

地図p.74-B
名瀬港から🚗35分

　フクギの葉は黄色系の染料となる。その鮮やかな色彩に魅せられた重照代（しげてるよ）さんが、国直（くになお）海岸にオープンしたのが草木染めのアトリエ、喫茶・工房てるぼーず。工房内ではショール（4000円〜）やTシャツ、コースターなどを販売している。また喫茶も併設しており、鹿児島海軍カレー（800円）やコーヒー（350円）などが味わえる。草木染めは体験も可能（→p.101）だ。

📞 0997-55-8070
🕘 9:00〜17:00ごろ
休 無休　Ｐ なし

工房裏のフクギの小道→

宇検／郷土料理

奄美のとぅぐら宇検食堂
あまみのとぅぐらうけんしょくどう

地図p.74-F
名瀬港から🚗1時間

　奄美の食の「とぅぐら（台所）」として、島料理を味わえる店。卵や山菜、猪などの食材はなるべく地場産にこだわっている。茶そばや豚骨、刺身が付いた、やけうち弁当は1200円。油そうめん（880円）も人気。

📞 0997-56-5656
🕘 11:00〜22:00
　（平日14:00〜17:00は休）
休 無休　Ｐ あり

古仁屋／ジェラート

Gelateria CASTANO
ジェラテリア カスター

地図p.74-J
古仁屋港から⛵7分

　フラワーショップたしろ併設の手作りジェラート店。素材には奄美ならではのフルーツや黒糖を練りこんだものも多く、フレッシュな味覚は暑い夏にもってこい。定番は奄美塩ジェラートや奄美黒糖ジェラート、白ゴマなど（320円〜）。6〜9月はパッ

ションフルーツなど、季節限定のフレーバーも楽しめる。

📞 0997-72-0127
🕘 9:00〜23:00
休 不定　Ｐ なし

古仁屋／和食

シーフードレストラン 海の駅
シーフードレストラン うみのえき

地図p.74-J
古仁屋港から⛵すぐ

　せとうち海の駅の2階にある。ウブス（かつお）や生うに、貝柱などが盛られた海鮮丼（1000円）、えび天丼セット（1000円）が美味。

📞 0997-72-4633
🕘 11:00〜14:00
休 無休　Ｐ あり

●奄美大島開運酒造【宇検】
●せとうち海の駅【古仁屋】
→それぞれP.96〜97へ

奄美大島

島の“おいしさ”“ステキさ”大集合！

奄美みやげ

MADE in 奄美のおみやげグッズは、
美しい海や豊かな大地が育んだ自然の幸や、
今も息づく伝統文化をモチーフにしたモノが多いんです。

▶FAU

毎年バレンタインデーに発売される、本数限定の奄美黒糖焼酎。地元・宇検村産のさとうきびを原料に、蒸留の際、はじめに出てくる原酒だけを瓶詰めしたぜいたくな一本。ぜひプレゼントに。2860円。 **A**

▲泥染めTシャツ

泥染め職人が、手間ひまかけて染め上げたシャツ。一枚一枚、すべてデザインが異なっている。1枚7000円〜。 **B**

▲ボーンブレスレット＆スネークストラップ

ハブなど島内に生息する蛇を、職人さんが伝統的な手法で加工してアクセサリーに仕上げている。ブレスレット（左）1500円〜、ストラップ（右）1000円〜。 **C**

▲凪屋　黒糖かりんとう

材料に奄美産の黒糖を使い、生地をこねて伸ばす、切る、揚げる、粉をまぶすという製造過程をすべて手作業で行う。おからやきなこ、自家製ハンダマを材料にしたおから風味もある。ともに1袋80gで185円、6袋1630円。 **D**

▶黒うさぎポーチ

絹の光沢と泥染めの深い色合いが美しい大島紬。その大島紬の専門店が、生地の質感を十分に活かして手がけた、かわいいポーチ。2200円。 **E**

▲かけろまきび酢

島の豊かな気候で育まれたさとうきび。それを原料に発酵＆醸造して作られたキビ酢は、ミネラル分が豊富な奄美の特産品。300mlで1404円。 **D**

▲NESARI CHOCOLATE

材料に奄美産のさとうきびを使用した無添加のチョコレート。黒糖の甘みがカカオの苦みと絶妙にマッチ。カカオ含有率が異なる4種のビターチョコとミルクチョコがある。972円。 **F**

▲打田原のマシュ

青く澄み切った奄美の海水をそのまま自然濾過して、煮詰めて作った無添加の自然海塩。ミネラル分豊富で、ほどよい甘みがある。1袋 150gで 411円、250gは 514円。 **D**

▲鶏飯 フーリズドライ

名物・鶏飯を独自の製法でドライフーズに。湯をかけるだけで現地の味を楽しめる。長期保存も可能なので、土産にも最適。1個158円。 **A**

▲コンフィチュール パッションマンゴー

奄美の太陽の日差しで育った、パッションフルーツとマンゴーを使ったジャム。フルーツ本来の甘みと香りが口の中に広がる。1242円。 **G**

▲季節のマフィン

自家農場から直送された卵をたっぷりと使い、そこに奄美の太陽下で育った芳醇なフルーツを絶妙にブレンド。たんかん味、マンゴー味のほか、季節限定の味も。各1個100円。 **H**

お店データ

A 奄美大島開運酒造
☎0997-67-2753
🕐8:00〜17:00
😷無休(年末年始休)
📍地図p.74-F（→p.92）
名瀬港から🚗1時間

B 肥後染色
☎0997-62-2679
🕐8:30〜18:00
😷不定 📍地図p.75-G
（→p.101） 奄美空港から🚗35分 Ｐあり

C 原ハブ屋奄美
☎0997-63-1826
🕐9:30〜19:00 😷無休
📍地図p.75-D（→p.82）
奄美空港から🚗8分
Ｐあり

D ビッグⅡ
☎0997-55-4100
🕐10:00〜20:00
😷無休 📍地図p.75-C
空港から🚗30分
Ｐあり

E 年中夢求 つむぎのにし
☎0997-53-5296
🕐10:00〜19:00
😷不定 📍地図p.85（→p.88） 奄美市役所から🚶4分 Ｐなし

F 大島紬村
☎0997-62-3100
🕐9:00〜17:00
😷無休 📍地図p.75-D
空港から🚗20分
Ｐあり

G 奄美きょら海工房
☎0997-63-2208
🕐9:00〜19:00 😷無休
📍地図p.75-D（→p.84）
奄美空港から🚗10分
Ｐあり

H みなみくんの卵 こっこ家
☎0997-62-5511
🕐11:00〜19:00
😷第2・3火曜
📍地図p.75-C（→p.84）
空港から🚗32分 Ｐあり

【発売元と販売店が異なる商品の問合せ先】かけろまきび酢（あまみ農業協同組合 ☎0997-75-0211）
打田原のマシュ（奄美市笠利町打田原集落会 ☎0997-63-2378）

奄美大島へ来たら
ぜひやってみよう！

奄美をじっくり楽しむ
体験＆ツアー

山も海も自然のエキスをたっぷりと享受できる場所が、
奄美大島には数多く残されている。その魅力をより深く、
そして安心して体感できるのがガイド付きのツアーだ。

金作原原生林探検コース
きんさくばるげんせいりんたんけんコース

奄美大島の森の代表格である金作原原生林は、天然の亜熱帯広葉樹が多数残る手つかずの自然の宝庫。生い茂る木々が重なり合い、土の乾燥を防ぐことで豊かな土壌が守られ植物は成長する。スダジイやイジュなどが密生し、珍しいシダ類や奄美固有の植物も見られる。なかでも、巨大なヒカゲヘゴの群生は迫力満点だ。

一帯には特別天然記念物のアマミノクロウサギをはじめ、オットンガエル、リュウキュウイノシシなど固有の生物が棲んでいる。また、ルリカケス、オーストンオオアカゲラ、オオトラツグミなど貴重な鳥類も生息。リュウキュウアカショウビンなど渡り鳥の姿も見られ、鳥のさえずりが耳を楽しませてくれる。

一年を通じてさまざまな花や鳥の鳴き声が楽しめる奄美大島の原生林。特に春先は、鳥の繁殖期でにぎわう。未舗装の林道を散策しながらの1時間、ガイドの解説とともに自然の音や景観をじっくりと楽しんでみるのもいい。

観光ネットワーク奄美   地図p.85
かんこうネットワークあまみ

奄美の観光総合案内所。詳細な観光案内図を無料で配付し、ホームページも充実(http://www.amami.com/)。またネイチャー＆カルチャーツアーも各種主催している。「金作原探検コース」は4000円（所要3時間、9：00発／13：30発）、奄美最高峰・湯湾岳を散策する「湯湾岳コース」は1万5000円（終日／昼食付き）。他にも「夜の野生生物観察コース」は3時間8000円、「カケロマ島散策コース」は2万（終日／昼食付き）など多数ツアーを用意している。

📞 0997-54-4991　📍 奄美市役所から🚶1分
🕐 9：00〜19：00　🈚 無休　Ｐ なし

マングローブカヌーツアー

国内第2位の広さを誇るマングローブ原生林が住用村にある。海水と真水が入りまじるこの場所には、オヒルギ、メヒルギなどが群生している（マングローブとはヒルギ類などの総称）。種子が泥湿地に落ちて成長していく様は実にユニーク。

黒潮の森　マングローブパーク
くろしおのもり　マングローブパーク　地図 p.74-F

マングローブの魅力を間近で体験できるカヌーツアーは約1時間。1日に5回行われている。料金2000円でガイド・保険付き。

☎ 0997-56-3355
📍 アクセスなどは p.92 参照。
🅿 あり

大島海峡でのシーカヤック

波が穏やかな大島海峡は、シーカヤックに最適のスポット。色鮮やかな魚が泳ぐサンゴ礁の海で、のんびりと水上散策が楽しめる。また、陸路では行けない隠れた美しい砂浜へも行ってみたい。

海風舎
かいふうしゃ　地図 p.74-J

「カヤックアンドシュノーケリング」は半日7000円〜。「シーカヤック体験」は約1時間で2000円〜。「夜の生き物ウォッチングコース」は2時間4000円〜。

☎ 0997-72-4673
📍 古仁屋港から🚗15分
🅿 あり

奄美大島の主なネイチャーツアーガイド

アイランドサービス	金作原散策＆マングローブカヌーツーリングは1万1000円、マングローブカヌーツーリング120分3000円（いずれも2名より）。敷地内に『農園リゾートばるばる村』がある。　☎0997-62-3889／📍地図:p.75-D／🅿あり
奄美自然学校	奄美の自然・生物観察のほか、川遊びや釣った魚を食べるツアーが人気。ガイド＆1泊朝食付き2名で2万円（ガイドのみは2名で16000円。1名の場合は要相談のこと。）　☎080-1034-6453／📍地図p.85／🅿あり
マングローブ茶屋	マングローブ原生林でのカヌーツーリングは、ガイド付きののんびりコース（1700円）川下り及びガイド付きのサバイバルコースを用意（1700円）。観光遊覧船は2300円。　☎0997-69-2189／📍地図:p.74-F／🅿あり
奄美ネイチャーセンター	フォレストウォーキングやバードウォッチングがそれぞれ3時間で6000円（5時間、8時間コースもある）。奄美自然観察の森や金作原、湯湾岳などから好みのスポットを選択可。　☎0997-57-7592／📍地図:p.75-C／🅿あり

※ 2021 年の例。利用時には必ず最新の情報を現地へ確認してください。

海底の楽園を探る旅

奄美の海をさらに満喫したいなら、ダイビングに挑戦してみよう。

コバルトブルーの海に囲まれた奄美大島には、魅力的なダイビングスポットが数多く点在。島の北部の海ではロウニンアジやイソマグロなど大型魚が回遊している。一方、南部は美しいサンゴ礁の間を、クマノミやケラマハナダイなどといった熱帯魚たちが泳ぎ回る。

またイソギンチャクやウミウシなど、水生生物の種類が豊富なのも奄美の海の特徴。彩り豊かな海中の楽園で、陸上とは違った奄美の魅力に触れてみよう。

サンゴ礁のみならず魅惑的な世界が広がる

ネイティブシー奄美
ネイティブシーあみ　　　　地図p.75-D

ダイバーのレベルに合わせて、ていねいにガイドしてくれ、ビギナーでも安心。ファンダイブ6600円〜、ボートスノーケリング8030円、体験ダイブ1万3200円。

📞 0997-55-4600
📍 奄美空港から🚗20分

海中の人気者カクレクマノミとしばし戯れる

倉崎ビーチで美しいハナヒゲウツボに出合う

巣穴からジョーフィッシュが顔を覗かせる

のんびり泳ぐアオウミガメを発見！

 HINT

奄美大島の主なダイビングショップ

ダイビングショップ ネバーランド	奄美大島北部をメインに、美しい珊瑚スポットからマクロまで、様々な海中スポットを楽しめる。1ビーチダイブ6600円〜、1ボートダイブ8800円〜、2ビーチ1ボート2万350円〜。　📞0997-56-1001／📍地図:p.75-D
マリンスポーツ奄美	奄美大島の北部・中部・南部の各スポットをダイブ。2ボートダイブ1万5400円〜（ランチ・ドリンク付）、ほかにナイトダイブやホエールウォッチング＆スイムといったプランも用意。　📞0120-53-1245／📍地図:p.75-C
アクアダイブコホロ	大島海峡（加計呂麻島、請島、与路島含む）でのマクロなダイビング（水生生物の観察や解説など）が好評。ボートダイブ9350円〜、体験ダイビング1万4300円〜、スノーケリング7150円〜。　📞0997-72-4969／📍地図:p.74-F
ダイビング＆ペンション RIKI	加計呂麻島にあるペンション併設（1泊2食付9900円）のショップ。ボートダイブ7700円〜、体験ダイビングはビーチダイブ1万7600円、ボートダイブは2ダイブで1万3200円。　📞0997-76-0069／📍地図:p.74-J

工芸体験で奄美の思い出を形に！

大島紬をはじめ、染色文化も息づいてきた奄美大島ならではの体験をしてみよう。

【草木染め】 喫茶・工房てるぼーず　地図p.74-B
くさきぞめ　きっさ・こうぼうてるぼーず

シャリンバイやフクギなど、草木染めの体験ができる工房。特にフクギから抽出される、鮮やかな黄色い染料を使っての染物体験がおすすめだ。料金はショールで4000円から。所要は約1時間で要予約。

📞 0997-55-8070　📍 アクセスなどについてはp.95参照。　🅿なし

【藍染め】よしかわ工房　地図p.74-F
あいぞめ　よしかわこうぼう

工房の主人が栽培した藍と、清らかな水で作るこだわりの藍染め。体験はTシャツ2000円から。

📞 0997-78-0017　📍 古仁屋港から🚗25分。
🅿あり　※体験は所要約2時間(要予約)

【泥染め】　肥後染色　地図p.75-G
どろぞめ　ひごせんしょく

まず布地を糸で縛り、デザインを作る。次に生地をシャリンバイという植物を煮出した汁と、石灰水に交互に浸して揉み込む(中和させ色濃度を上げる)。さらに田んぼで泥をすり込み、染料のタンニンと泥の鉄分が結合させ、色を安定。泥を水で流し、糸をとると模様が現れる。泥染め体験は3300円。

📞 0997-62-2679
📍 奄美空港から🚗35分
🕘9:00～18:00　休不定　🅿あり

①生地を糸で縛る。この部分が柄になる。

②シャリンバイ汁、石灰水の順でモミモミする

③生地を天然の泥にもみ込み、タンニンと鉄分を結合させる

④泥を水で流す。泥づけと水流しは2回やる

⑤最後に生地を乾燥して完成！　所要約3時間

!HINT

奄美大島でできる主な工芸体験

愛かな工房	シャリンバイ染め、泥染め、藍染めなどが体験できる。Tシャツ、ストールなど体料料3000円～。材料持ち込み可。所要約3時間。要予約。 📞0997-62-3179／📍地図:p.75-C／🅿あり
花ろまん染織工房	シャリンバイ、琉球藍、フクギ、アカメガシワ、ツワブキなどを使った草木染め体験は、ハンカチ1500円～。所要1～2時間。要予約。 📞0997-62-5200／📍地図:p.75-C／🅿なし
本場奄美大島紬 泥染公園	泥染めの工程を見学できて体験も可能。材料はTシャツなどがあるが、持ち込みもOK。料金は2～4時間で3000円～。要予約。 📞0997-54-9088／📍地図:p.75-G／🅿あり
大島紬村	職人さんの丁寧な説明で泥染めや藍染め、うこん染めを体験できる。料金はハンカチ1320円～、Tシャツ2750円～。材料持ち込みも可能。 📞0997-62-3100／📍地図:p.75-D／🅿あり

奄美に生息する貴重な野生生物たち

写真・文／安藤"アン"誠起

奄美群島には国の特別天然記念物に指定された
アマミノクロウサギをはじめ、
世界的にも貴重な野生生物が数多く生息している。
亜熱帯の大自然を注意深く観察すれば、
ここで紹介する生物たちにも出合えるかもしれない。

アマミヤマシギ

体長約36cmで奄美大島に留鳥として生息。その長いクチバシで土中のミミズなどを採餌する。夜行性とされるが、その生態はあまり知られていない。絶滅危惧種。

アマミノクロウサギ　体長約40〜50cm。体毛は黒褐色で、耳・手足・尾部が短いのが特徴。夜行性で岩穴や土中に穴を掘って棲む。奄美大島と徳之島のみ生息。国指定の特別天然記念物。

ルリカケス

鹿児島県の県鳥で、奄美大島に生息している。体長は約38cmで、頭・翼・尾部の鮮やかなルリ紫色が美しい。鳴き声はギャーギャー。国の天然記念物に指定されている。

オットンガエル

奄美大島と加計呂麻島のみに生息。体長は約9〜14cm。通常、カエルは4本指だが、このカエルには拇指と呼ばれる指がもう1本生えていて、その中にトゲ状の突起が隠されている。

東洋の楽園で思いがけない発見が！

奄美群島、とくに奄美大島と徳之島には世界的にもあまり類を見ない野生生物が数多く生息している。地質時代に繰り返された沈降と隆起によって隔離されたこの生物たちは、亜熱帯の特異な気候の中で独自の生態系を形成してきた。その代表格が、国の天然記念物にも指定されたアマミノクロウサギだ。耳と手足、尾が短く、黒褐色のこのウサギはウサギ科の中で、最も原始的な一種といわれている。夜行性なので普段はなかなかお目にかかれないが、各種観察ツアー（p.98〜99）に参加すれば、発見できる確率もグンと高くなるはずだ。

ほかにも奄美諸島には、ルリカケスやオーストンオオアカゲラといった鳥類、アマミノコギリクワガタやオオシマゼミなどの昆虫類にも、固有の種が多い。金作原原生林や蒲生崎観光公園、奄美フォレストポリスなどで、よく観察してみよう。

ケナガネズミ

奄美大島と徳之島、沖縄本島に生息。頭胴長約24cm、尾長約30cmの国内最大級のネズミ。夜行性で樹に巣穴を作り、樹上や地上にて活動している。長い体毛も特徴的。国指定の天然記念物。

アマミノコギリクワガタ

リュウキュウノコギリクワガタの亜種で、奄美大島や加計呂麻島などに生息。ノコギリクワガタの中では大型種で、黒褐色の体と立派な大アゴ、口の部分から突き出た頭楯が特徴。

オオシマゼミ

体長5cm前後。ツクツクボウシ属の中では大型の種で、奄美大島〜沖縄本島に分布。腹部背面の青い横線模様が美しい。キィーン、キィーンと金属をこすったような声で鳴く。

泊まる

　"東洋のガラパゴス"奄美大島の活動拠点となる宿泊施設。サンゴ礁の美しい北部はリゾート型、名瀬中心部は機能的なビジネス型、中南部は自然を体感できるレジャー型と、エリアごとに特色がある。

🌙 龍郷／民宿 ⭐

なべき屋
なべきや

地図p.75-D
奄美空港から🚗40分

　安木屋場海岸の目の前に建つ民宿。テラスからは海を望め、とくに海岸線に夕日の沈む瞬間は最高のひととき。季節によっては、ウミガメやイルカなどが観察できることも。そして日本料理店の板前だったご主人が腕をふるう料理は、まさに絶品。地産の旬の食材を巧みに調理した奄美の味覚を思う存分堪能できる。

📞 0997-62-4427
ℹ 5室
¥ 1泊2食付8360円〜
Ｐ あり

🌙 笠利 ⭐

奄美リゾートばしゃ山村
あまみリゾートばしゃやまむら

地図p.75-D
奄美空港から🚗10分

　青いサンゴ礁が一面に広がる島内北部のばしゃ山海岸にある総合リゾート。中庭のプールを囲むように建つ客室は、明るい色調で統一された

南国ムードあふれる空間。食事は併設の「ＡＭＡネシア」(p.83参照)でシェフ自慢の郷土料理に舌鼓を。また大浴場内の「海水風呂」は美肌効果が高いと女性にも評判だ。さらに各種マリンスポーツ、エステ、島の歓迎儀式が体験できる「ふるさと劇団(要予約)」、陶芸や黒糖作りの体験など、オプションが実に充実。まさに奄美の魅力がぎっしりと凝縮されたリゾートホテルだ。

📞 0997-63-1178
ℹ 31室
¥ 1泊2食付1万3200円〜
Ｐ あり

🌙 龍郷 ⭐

ネイティブシー奄美
ネイティブシーあまみ

地図p.75-D
奄美空港から🚗20分

　美しい倉崎海岸を眼下に望む全室オーシャンビューのプチリゾート。部屋数を14室と少なくすることで、ゆったりとしたバカンスが過ごせるように設定されている。
　レストラン「Forest」(→p.89)では、敷地内の農園で栽培した無農薬野菜を材料にした、本格的なフランス料理を

味わえる。和食党には郷土料理のオーダーも可能だ。
　またダイビングオフィスも併設(→p.100)。他にも、星空観察や島唄ライブ、八月踊りなどイベントが豊富。バルコニーからビーチ目前の別館「アダンオンザビーチ」もある。

📞 0997-62-2385
ℹ 14室
¥ 1泊2食付1万3200円〜
Ｐ あり

レスト＆ロッジ翔
レスト＆ロッジしょう

地図 p.75-D
奄美空港から 🚗 6分

島内屈指の美しいビーチである土盛海岸を望むロケーションに建つ。ロッジ風の宿泊棟は、グループや家族連れで利用するのに最適だ。ダイビングオフィスの併設や施設内でのBBQなど、オプションも充実している。

📞 0997-63-8588　ℹ️ 7室
💴 素泊まり6100円〜、
　1泊2食付8400円〜
🅿️ あり

ヴィラゆりむん

地図 p.75-D
奄美空港から 🚗 20分

赤尾木湾を望む、高台にある隠れ家的なリゾート。1日3組限定の客室はすべてオーシャンビュー。料理はイタリアンをベースに、島の旬の食材や自家栽培のハーブなどを取り入れたアマミアンキュイジーヌ・スタイルだ。

📞 0997-62-5504　ℹ️ 3室
💴 1泊2食付1万4850円〜
🅿️ あり

奄美サンプラザホテル
あまみサンプラザホテル

地図 p.85
奄美市役所から 🚶 8分

名瀬の繁華街のほぼ中心にあるビジネスタイプのホテル。全室に衛星放送を完備。1階の和食・中華レストラン「愛かな」では郷土料理が味わえる名瀬港に近いので、奄美群島へのアクセスも便利だ。

📞 0997-53-5151　ℹ️ 63室
💴 シングル8400円〜
🅿️ あり

開運の郷やけうちの宿
かいうんのさとやけうちのやど

地図 p.74-F
名瀬港から 🚗 1時間

5棟のコテージ内には、BS放送TVやインターネット、自炊もできるキッチンを完備。併設の宇検食堂（→p.95）では地元の食材にこだわった郷土料理が堪能できる。宿泊者は準天然温泉「やけうちの湯」も利用可。

📞 0997-56-5656
ℹ️ 5棟＋8室　💴 1泊朝食付
7080円〜　🅿️ あり

THE SCENE
ザ シーン

地図 p.75-J
古仁屋港から 🚗 20分

白い砂浜が美しいカーブを描くように広がるヤドリ浜に面したリゾートホテル。コバルトブルーの大島海峡と加計

呂麻島を目前に望み、大きく窓をとった全21の客室からもその景観が楽しめる。

ディナーはイタリアンフルコースか郷土料理ベースの和食を用意。素材本来の味を活かした優しい味付けだ。

また施設内にはオーシャンビューの奄美大島唯一の天然温泉も完備。ヨガやマッサージなどのボディケアメニューも充実している。ぜいたくなひとときを堪能したい。

📞 0997-72-0111　ℹ️ 21室
💴 1泊2食付3万円〜（土・日・祝3万5000円〜）🅿️ あり

笠利
奄美大島ホテルリゾート
コーラルパームス

地図p.75-D

美しい土盛海岸の近くにある南国ムード満点のリゾート。プールも完備。

♪ 0997-63-8111
¥ 1泊2食付1万2100円〜

龍郷
ペンションGREEN HILL
ペンション グリーン ヒル

地図p.75-D

手広海岸を目前に望み、サーファーに人気。宿のお母さんの手料理もおいしい。

♪ 0997-62-5180
¥ 1泊2食付8800円〜

名瀬
ホテルニュー奄美
ホテルニューあまみ

地図p.85

名瀬の繁華街のほぼ中心にある清潔感あふれるシティホテル。サウナ付大浴場あり。

♪ 0997-52-2000
¥ シングル6130円〜

名瀬
ホテルビッグマリン奄美
ホテルビッグマリンあまみ

地図p.75-C

海の見えるホテル。露天足湯や、鶏飯も食べられる朝の郷土料理風バイキングが好評。

♪ 0997-53-1321
¥ 1泊朝食付5500円〜

古仁屋
サンフラワーシティホテル

地図p.74-J

古仁屋の中心部にある便利な宿。早割、素泊、朝食付など多様なプランが用意されている。

♪ 0997-72-0350
¥ シングル6700円〜

笠利
奄美リゾートホテル
ティダムーン

地図p.75-D

太平洋を一望できるロケーション。入浴施設やエステメニューが充実。

♪ 0997-63-0006
¥ 1泊朝食付1万4300円〜

名瀬	ホテル・レクストン奄美セントラル	♪0997-52-7141／♀地図p.85／¥シングル4840円〜 ●衛星放送・CS放送完備。全室インターネット完備。
	ホテルウエストコート奄美	♪0997-52-8080／♀地図p.85／¥シングル7100円 ●ゆったりとした広さのシティホテル。名瀬の中心地にあり便利。
知名瀬	あまみユースホステル	♪0997-54-8969／♀地図p.75-C／¥会員3400円、非会員4000円 ●小ぢんまりしたユース。要予約で朝食(540円)や夕食(1296円)も。
大和	民宿さんごビーチ	♪0997-57-2580／♀地図p.74-B／¥1泊2食付8800円 ●バーベキューやシュノーケリングが楽しめる。国直海岸の白い砂浜が目前。
住用	内海公園バンガロー	♪0997-69-5081／♀地図p.75-G／¥1棟4名まで7000円 ●棟内キッチン、バス＆トイレ、クーラー付きベッドルームを完備。

TEKU TEKU COLUMN

奄美キャンプ情報

大和村の「奄美フォレストポリスキャンプ場」(♪0997-58-3166／無休／地図p.74-F)は、バンガロー6000円〜、オートキャンプ2000円、キャンプサイト1500円。エリア内には炊事棟やシャワー室も完備。

また、瀬戸内町にある「ヤドリ浜キャンプ場」(♪0997-72-1115／地図p.74-J)はサイト使用料無料。

名瀬市街地からもほど近い大浜海浜公園「小浜キャンプ場」(♪0997-55-6000／地図p.75-C)はテント1張り300円〜。

加計呂麻島

エリアの魅力

ビーチ
★★★★
アクティビティ
★★
グルメ
★★

面積 77.39 km²
周囲 147.5 km
人口 1361人

観光の問い合わせ

瀬戸内町水産観光課
📞0997-72-1115
奄美せとうち観光協会
📞0997-72-1199

交通の問い合わせ

🚢瀬戸内町営
フェリーかけろま
📞0997-72-4560
🚢海上タクシー
瀬戸内貸切船協同組合
📞0997-72-0377
古仁屋貸切船組合
📞0997-72-0332
奄美海上タクシー
📞0997-72-4760
🚌バス
加計呂麻バス
📞0997-75-0447
🚗レンタカー
加計呂麻レンタカー
📞0997-75-0427
いきんまレンタカー
📞0997-76-0202

海岸の景勝美と伝統が息づく島

複雑なリアス式の入江の間に時折、美しいビーチが顔をのぞかせる加計呂麻島。諸鈍シバヤなど独自の民俗習慣を色濃く残す。

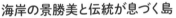

HINT　加計呂麻島への行き方&島で過ごすヒント

加計呂麻島へは、奄美大島南西部の港・古仁屋港から瀬戸内町営フェリーを利用（詳細はp.21参照）。フェリーが発着するのは、瀬相港と生間港の2ヵ所だが、海上タクシーを利用すればそれ以外に着岸できる港とも結んでくれる。海上タクシーの運賃は、古仁屋～生間が3000円、古仁屋～瀬相が4000円。12名までは同料金でチャーターできる。8時～19時頃まで運航（その他の時間も要相談）。

●加計呂麻島のバス事情

島内のバスは6系統8路線（瀬相⇔実久、瀬相⇔西阿室、瀬相⇔阿多地、瀬相⇔押角⇔生間、瀬相⇔秋徳⇔生間、瀬相⇔花富⇔佐知克、生間⇔安脚場⇔徳浜）で運賃は初乗り110円。ちなみに瀬相⇔生間は両便とも1日3往復運行しており、秋徳経由は790円（所要時間55分）、押角経由は710円（所要時間35分～／時間調整あり）。

●島の伝統芸能「諸鈍シバヤ」を観る

800年以上の歴史を誇り、国指定重要無形民俗文化財にもなっている伝統芸能「諸鈍シバヤ」。旧暦の9月9日に大屯神社で開催。問い合わせは　📞0997-72-3799（瀬戸内町立図書館・郷土館）へ。

見る＆歩く

島尾敏雄文学碑
しまおとしおぶんがくひ

地図p.74-I
瀬相港から🚗5分　生間港から🚗15分

名作『死の棘』や
“ヤポネシア”という
独自の概念を生みだ
したことで知られる
作家・島尾敏雄の文
学碑。島尾はこの地
で海軍の特攻隊隊長
として終戦を迎え、その時の体験を後の作
品に反映させた。

実久三次郎神社
さねくさじろうじんじゃ

地図p.74-E
瀬相港から🚗30分　生間港から🚗50分

保元の乱（1156年）
で敗れた源為朝が琉球
へ渡る途中、この地に
立ち寄り、現地の娘との間に実久三次郎を
もうけたとされている。豪傑三次郎を奉っ
たこの神社の境内には、彼のものと伝えら
れる巨大な足跡が残っている。

スリ浜
すりはま

地図p.74-J
瀬相港から🚗12分　生間港から🚗8分

別名「白い村」とも呼ばれる加計呂麻島屈
指の美しいビーチ。砂浜に足を踏み入れる
と、見渡す限りマリンブルーの海が広がる。
シーズン中は海水浴の他に、ジェットスキ
ーやダイビング
といったマリン
スポーツも楽し
める。

安脚場戦跡公園
あんきゃばせんせきこうえん

地図p.74-J
瀬相港から🚗32分　生間港から🚗12分

第二次世界
大戦当時、加
計呂麻島は陸
海軍の要塞地
として活用さ
れていた。島

内東部の高台にある安脚場戦跡公園内に
は、今でも砲台跡や弾薬格納庫、防備衛所な
どが残されており、当時の面影をしのぶこ
とができる。

諸鈍デイゴ並木
しょどんデイゴなみき

地図p.74-J
瀬相港から🚗17分　生間港から⛵15分

諸鈍長浜の海岸沿いには、樹齢300年以
上といわれる85本のデイゴの巨木が並ん
でいる。町の文化財にも指定されているこ
のデイゴ並木は、毎年5月下旬から6月上
旬にかけて鮮やかな赤い花を咲かせ、海岸
沿いの小径を南国ムードたっぷりに演出し
てくれる。

またこのデイゴ並木周辺は、映画『男はつ
らいよ』の最終作である『寅次郎紅の花』の
舞台になった場所でもあり、並木道を少し
歩けば、劇中でヒ
ロインのリリーが
暮らしていた家が
見えてくる。

買う＆食べる

渡連／喫茶

Brown Sugar
ブラウンシュガー

地図p.74-J
生間港から🚗10分

さとうきび畑を眺めながら、ゆったり時を過ごせるティールーム。黒糖やグアバ、タンカンなど、島の素材を使った手作りケーキはドリンク付き500～700円。

📞 0997-76-0866
🕙 10:00～18:00
休 木曜　P あり

佐知克／黒糖

西田製糖工場
にしだせいとうこうじょう

地図p.74-I
瀬相港から🚗15分

「加計呂麻黒糖」の製糖工場。

商品販売の他に、12月中旬～5月は製造工程を見学可。日によっては見学できない

こともあるので、必ず事前確認を！

📞 0997-76-0177
🕙 8:00～17:00
休 不定　P あり

TEKU TEKU COLUMN

奄美群島の秘島
請島・与路島へ行ってみよう！

地図p.74-I

　時間に余裕があるなら、加計呂麻の南に浮かぶ離島ムードたっぷりの請島や与路島を訪れてみるのもいい。
　可憐で香り高いウケユリの自生地として知られる請島は、釣りやダイビングの好スポットとして人気が高い。
　一方、サンゴの石垣が趣のある与路島は平家落人伝説やノロ伝説が残り、歴史的・民俗的にも興味深い島。
　フェリーせとなみ（1日1～1往復半）で請島へ45～1時間5分で930円、与路島へは50分～1時間40分で1030円。海上タクシーなら請島へ40分で1万5000円、与路島へ50分で1万7000円。

請島の池地集落からほど近いクンマ海岸は静かで美しい浜

与路島の集落内には、ハブ退治の棒が立てかけてある

加計呂麻島

宿泊ガイド

諸数	マリンブルーカケロマ	📞0997-76-0743／📍地図:p.74-J／生間港から🚗8分／💴1泊2食付1万円～／🍽目の前が美しいスリ浜という絶好のロケーション。7室
諸数	ペンションハウスin カケロマ	📞0997-76-0381／📍地図:p.74-J／生間港から🚗8分／💴1泊2食付9900円～（小学生以下宿泊不可）／🍽4室
渡連	来々夏ハウス こ こ なつ	📞0997-76-0077／📍地図:p.74-J／生間港から🚗8分／💴1泊2食付8800円／🍽渡連ビーチを眺めながら、テラスで味わうランチも格別。8室
諸鈍	HIRO Island Style ヒロ アイランド スタイル	📞0997-76-0811／📍地図:p.74-J／生間港から🚗10分／💴1泊2食付1万1000円～／🍽2室
伊子茂	海宿 5マイル	📞0997-76-0585／📍地図:p.74-I／瀬相港から🚗5分／💴1泊2食付7700円～／🍽4室

きかいじま 　地図 **p.4**

喜界島

今なお隆起し続けるサンゴ礁の島

鹿児島から383km、奄美大島の東25kmに位置するサンゴ礁の島。サトウキビの栽培が盛ん。海の透明度が高くダイバーのリピーターも多い。

HINT

喜界島への行き方

飛行機で行く場合は、鹿児島出発便は1日1便、所要時間は1時間10〜15分。奄美大島出発便は1日3便で、所要時間は20分。船で行く場合は、鹿児島本港北埠頭出発で11時間程度、奄美大島・名瀬出発で2時間かかる。

エリアの魅力

ビーチ
★★★★
アクティビティ
★★
グルメ
★★★

面積56.93km
周囲50.0km
人口6997人

観光の問い合わせ

喜界町企画観光課
☎0997-65-1111
喜界町観光物産協会
☎0997-65-1202

見る　歩く

スギラビーチ

サンゴ礁に囲まれた美しい海岸。青く透き通る海と白砂のビーチが魅力。空港から🚗3分。

ムチャ加那公園

美貌を持ったがゆえに不運な人生を送った、奄美民謡「ムチャ加那節」のウラトミとムチャ加那を偲んだ碑がある。港から🚗25分。

百之台公園

島を見渡せる広大な隆起サンゴ礁の高台。奄美十景のひとつ。港から🚗28分。

僧・俊寛の墓

平家打倒の陰謀が発覚し、鬼界ヶ島に流された俊寛の墓と伝わっている。空港から🚗5分。

喜界島
1:200,000
0　　　　4km
N

サンゴの石垣

阿伝集落には、サンゴを積み重ねた石垣の風情ある家並みが多く残る。港から🚗25分。

島で過ごすヒント

島の中心地・湾には、飲食店やスーパーなどが集まり、空港からも港からも徒歩約10分と近い。島は車で一周約1時間。空港にはバスやタクシーの乗り場があり、レンタカーを扱う店も近い。レンタカーの平均相場は軽自動車で1日3500〜5000円。また、港には船の着く時間にタクシーが待機している。タクシーの初乗りは520円。港から最寄りのバス停（農協前）までは徒歩約5分。

●バスでまわる

バスは湾を起点に、島を一周する南回りと北回りが各1日8便、島の中央部（川嶺、山田、城久）を巡る路線が1日4便運行している。初乗り運賃は150円。一周は1時間30分（300円）かかり、湾から阿伝までは約30分（300円）。湾の中心地以外はバス停でなくても、乗り降り可能な場所が多い。お得な1日乗車券は800円。

交通の問い合わせ

🚌 バス
奄美航空喜界バス営業所
☎0997-65-0061
🚗 タクシー
喜界島観光タクシー
☎0997-65-1811
日の出タクシー
☎0997-55-3260
🚗 レンタカー
喜界レンタカーサービス
☎0120-65-3618／
☎0997-65-3618
深水レンタカー
☎0997-65-1070
サカエレンタカー
☎0997-65-0404

喜界島

買う 食べる

湾／寿司

回転寿司 大吉
かいてんずしだいきち

地図p.110
空港から🚶11分

新鮮なネタの寿司が手頃な値段で味わえる。山羊汁、油そうめんなどの郷土料理もある。オリジナルの山羊寿司はぜひ食べたい逸品だ。

☎0997-65-3280
🕐12:00〜14:00
　18:00〜21:00
🈺木曜 🅿あり

湾／和食

和食厨房 天晴
わしょくちゅうぼう あっぱれ

地図p.110
空港から🚶8分

天然モノの島の素材にこだわったご主人ご自慢の料理が楽しめる。刺身盛合わせ、いらぶち西京焼き、長芋そうめん、豚の角煮、小芋まんじゅうなどが定番メニュー。

☎0997-65-3188
🕐17:00〜23:00（OS22:00）
🈺月曜 🅿あり

湾／食品・雑貨

喜界島おみやげセンター
きかいじまおみやげセンター

地図p.110
空港から🚶9分

黒糖菓子や奄美黒糖焼酎など特産品が豊富にそろう。喜界島産の花良治みかん酒もここで購入できる。

☎0997-65-3211
🕐9:00〜22:00 🈺無休
🅿あり

宿泊ガイド

ぎなま荘	☎0997-65-0259／📍地図：p.110／空港から🚶4分／💴1泊2食付5500円／🍴家庭的な雰囲気と島の食材を使った郷土料理が魅力。24室。
ビジネスホテル喜界	☎0997-65-3838／📍地図：p.110／空港から🚶10分／💴シングル4900円〜／🅿あり／🛏部屋は清潔感があり、無線LANの使用も可。18室。

111

徳之島

エネルギーあふれる長寿の島

奄美群島の中では奄美大島に次ぐ大きさで、長寿の島としても有名。島全体が熱く燃える闘牛やトライアスロン大会では、その勇壮さも必見！

HINT

徳之島への行き方

飛行機で行く場合、鹿児島出発便は1日3便、約1時間10分。奄美大島出発便は1日2便で、約30分。船で行く場合、徳之島（亀徳）までは鹿児島新港から14時間20分、奄美大島・名瀬から3時間20分（1日1便）。徳之島（平土野）までは鹿児島本港北埠頭から17時間30分、奄美大島・名瀬からは4時間（週約5便）。

エリアの魅力

ビーチ
★★★★
アクティビティ
★★
グルメ
★★★

面積247.77㎢
周囲89.2km
人口2万3690人

観光の問い合わせ

徳之島観光連盟
（徳之島空港内）
☎0997-81-2010
徳之島町企画課
☎0997-82-1111
天城町商工水産観光課
☎0997-85-5149
伊仙町きゅらまち観光課
☎0997-86-3111

見る　歩く

ユイの館

徳之島の歴史や文化などを紹介。徳之島の民具の展示もある。
空港から🚶5分。
☎0997-85-4720
🕘9:00〜17:00
🈵月曜　💰200円
🅿あり

犬の門蓋

隆起サンゴ礁が浸食されてできた断崖・奇岩。空港から🚗10分。

犬田布岬

鋭く切り立つ断崖。岬の上には高麗芝が広がり「戦艦大和」の慰霊塔が立つ。空港から🚗30分。

徳之島
1:222,000
0　　　　4km

奄美大島へ
崎原崎　ムシロ瀬
金見崎　ソテツトンネル
金見崎
ホテルサンセットリゾート
与名間崎
与名間　天城岳▲533
三方通岳▲496　畦
島料理　畦プリンスビーチ
大和山333▲
徳之島フルーツガーデン
徳之島空港
浅間　花徳
ユイの館　宮城山
平土野　大和城山　天城山
犬の門蓋　天城町　美名田山▲438
母間
徳之島
奄美群島国立公園　井之川岳▲645　井之川　神之嶺
諸田　徳和瀬
西阿木名
犬田布岬　小島　犬田布岳417▲
はるみちゃん　亀徳
かわ酒造　亀徳新港
徳之島新港
犬田布　白井　徳之島町
戦艦大和慰霊塔　八幡　徳之島闘牛資料館
馬根　伊藤観光ドーム・闘牛場
阿権　スーパーダイマル
岬入口　MURMUNN
徳之島なくさみ館　喜念
歴史民俗資料館　面縄　喜念砂丘
伊仙町　古里　レクストン徳之島
伊仙闘牛場
伊仙崎　沖永良部島・与論島・那覇へ

畦プリンスビーチ

天皇陛下が皇太子時代に遊泳されたことから命名された白い砂浜の海水浴場。空港から🚗23分。

徳之島フルーツガーデン

名瀬・鹿児島へ

熱帯植物110種類1万5000本が生い茂る。空港から🚗20分。
🕘10:00〜17:00
🈵水曜（GW、8月・9月無休）
💰300円　🅿あり

HINT

島で過ごすヒント

徳之島には3つの町（徳之島町、天城町、伊仙町）があり、徳之島町の亀津が島の中心地。亀津へは亀徳新港から徒歩約15分、空港からは車で約40分。島内を走るバスは、亀津⇔花徳⇔平土野⇔空港を結ぶ路線や、亀津⇔伊仙⇔犬田布⇔平土野の路線など全部で4系統ある。

●闘牛で熱く燃える！

約500年の歴史を誇る徳之島の闘牛。初場所（正月）・春場所（5月）・秋場所（10月）の年3回、島の名牛が選抜されてチャンピオンの座をかけた全島大会（入場料3000円）が開催される。島内各地にある闘牛場では、年間20回ほど大会が行われる。会場や日時は、徳之島「島生活」（下記URL）で確認しておこう。

http://tokunoshima.today/blog/experience/bull.html

交通の問い合わせ

🚌 バス
徳之島総合陸運
📞0997-82-1211
🚗 タクシー
総合タクシー
📞0997-83-1234
エヌ・ワンタクシー
📞0997-83-2155
🚘 レンタカー
松山石油空港レンタカー
📞0997-82-1058（亀津）
📞0997-85-3900（空港）
トヨタレンタリース
鹿児島
📞0997-82-0100（亀徳）
📞0997-85-5500（空港）

徳之島

 買う・食べる

亀徳／食品・雑貨

スーパーダイマル

地図p.112
亀徳新港から🚗4分

地元で愛されるスーパーには、一角に土産コーナーがあって、人気の郷土料理"鶏飯"のドライフーズも売っている。亀津の繁華街にあるので、アクセス便利。

📞0997-82-0015
🕐9:30〜20:30
休 無休　P あり

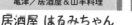

亀津／居酒屋＆山羊料理

居酒屋 はるみちゃん
いざかや はるみちゃん

地図p.112
亀徳新港から🚗15分

女将さんの手料理が好評。人気は山羊刺や山羊汁（共に1200円）、豚足の煮込み（700円）やソーキそば（700円）。

📞0997-82-1661
🕐18:00〜2:00
休 不定休　P なし

亀津／ダイニング＆バー

MURMUNN
マームン

地図p.112
亀徳新港から🚗4分、または🚶17分

雰囲気のいいダイニングバー。酒類が豊富で、島豚のコウマキ骨の塩煮（1200円）や青パパイヤチャンプルー（600円）、アオサの天ぷら（600円）など料理も美味。

📞0997-83-2133
🕐17:30〜23:00
休 日曜　P なし

 STAY

宿泊ガイド

金見	民宿 金見荘 かなみそう	📞0997-84-9027／📍地図:p.112／空港から🚗20分／¥1泊2食付7150円〜
		●金見崎にある家庭的な宿。テラスから眺めるビーチは美しい。16室
与名間	ホテルサンセットリゾート	📞0997-85-2349／📍地図:p.112／空港から🚗10分／¥シングル6800円〜
		●南国リゾートを満喫できるプライベートコテージ。90室。
亀津	ホテル・レクストン徳之島	📞0997-83-1411／📍地図:p.112／亀徳新港から🚗3分／¥シングル朝食付6240円／●徳之島の中心街・亀津にある利便性抜群のホテル。92室。

おきのえらぶじま　地図　**p.4**

沖永良部島

地底の神秘、鍾乳洞と花の島

　荒波に浸食された隆起サンゴ礁の断崖絶壁や、鍾乳洞が島に点在する。また四季を通じて亜熱帯の花が咲き、島を代表する花・エラブユリは気品が漂い、特に美しい。

HINT

沖永良部島への行き方

　飛行機で行く場合は、鹿児島出発便は1日2便、約1時間10〜30分。船で行く場合、沖永良部島・和泊までは鹿児島新港から16時間10分、奄美大島・名瀬から5時間10分。沖永良部島・知名までは鹿児島本港北埠頭から20時間、奄美大島・名瀬から6時間40分。

エリアの魅力

ビーチ
★★★
アクティビティ
★★★
グルメ
★★★★

面積 93.67 km²
周囲 55.8 km
人口 1万2725人

観光の問い合わせ

和泊町企画課
☎0997-84-3512
知名町企画振興課
☎0997-84-3162

見る　歩く

昇竜洞
しょうりゅうどう
東洋一といわれる全長3500mの大鍾乳洞は県指定の天然記念物。和泊港から🚌25分
☎0997-93-4536
🕐9:00〜16:30
🈺無休　💴1100円
🅿️あり

田皆岬
たみなみさき
サンゴが垂直に隆起した高さ40mの断崖。岬の突端から見る荒波は迫力満点。真っ青な海の眺めは絶景。奄美十景のひとつ。和泊港から🚌30分

和泊町歴史民俗資料館
沖永良部の歴史や文化を映像やパネルで紹介。和泊港から🚌10分。
☎0997-92-0911
🕐9:00〜17:00　💴200円
🈺水曜・祝日

フーチャ
隆起サンゴ礁が荒波に浸食されてできた洞窟。岩間から潮を10m以上も吹き上げる。空港から🚌8分。

沖永良部島

1:222,000

0　　　　　5km

日本一のガジュマル
国頭小学校の校庭に緑の葉を広げる樹齢100年のガジュマル。空港から🚌5分。

! HINT

島で過ごすヒント

沖永良部島には2つの町(和泊町(わどまり)、知名町(ちな))がある。空港があるのは和泊町で、和泊の中心部から知名港まで車で約20分。

●バスでまわる

バスは和泊⇔知名を運行する路線が1日に38便ある(太平洋側18便、北回り18便、そのうち14便は空港までアクセスしている)。他にも内城、新城(しんじょう)を経由して島の中央を巡る路線もある。

バスの停留所は各集落ごとにあるが、基本的にはどこでも乗り降りができる。初乗り運賃は140円。和泊から知名は560円(伊延、内城を経由する路線は790円かかる)。空港からは和泊まで430円、知名まで850円。また、レンタカーの平均相場は軽自動車で1日5000～6500円。

交通の問い合わせ

🚌 バス
沖永良部バス企業団
📞0997-93-2054
🚕 タクシー
沖洲タクシー
📞0997-92-1135
国頭タクシー
📞0997-92-0325
🚗 レンタカー
FKレンタカー
📞0997-92-3485
大島レンタカー
📞0997-92-3504
トヨタレンタリース鹿児島
📞0997-92-2100(空港)

買う　食べる

和泊／創作料理

とうぐら

地図p.114
和泊港から🚶10分

島の魚介類にこだわった創作料理の店。その日の食材でメニューが決まる。昼の松花堂弁当(1100円、1650円、2200円)や夜のとうぐらコース(3300円)、がおすすめ。

📞0997-92-1345
🕐11:30～13:30(OS)
　18:00～20:30(OS)
休 不定休 Ｐ あり

知名／居酒屋

旬香
しゅんこう

地図p.114
和泊港から🚢3分

島の海の幸、野の幸の旨味を巧みに調理。島にんにくや地豆の料理、豚足の黒砂糖煮(660円)、ハンダマの天ぷら(660円)が好評。

📞0997-93-2399
🕐17:00～23:00
休 日曜 Ｐ なし

知名町下城／芭蕉布製品

沖永良部芭蕉布工房長谷川
おきのえらぶばしょうふこうぼうはせがわ

地図p.114
和泊港から🚗20分

芭蕉の木から繊維を取り、島の草木で染めて織る。小銭入れ(3700円)や名刺入れ(3700円)が人気。

📞0997-93-4753
🕐9:00～17:00
休 火曜 Ｐ あり

沖永良部島

STAY

宿泊ガイド

知名	国民宿舎おきえらぶフローラルホテル	📞0997-93-2111／📍地図:p.114　知名港から🚶12分／¥シングル6160円～ ●館内レストランで奄美や沖縄の料理が味わえる。72室。
和泊	ビジネスホテルうぐら浜	📞0997-92-2268／📍地図:p.114　和泊港から🚶10分／¥シングル4800円～ ●コインランドリーやインターネットが利用可で便利。32室。

与論島

美しい海と自然とサンゴの楽園

　鹿児島県の最南端にあり、沖縄本島まではわずか28km。サンゴ礁のリーフに囲まれた島で"東洋に浮かぶ真珠"といわれるほど海が美しい。

HINT

与論島への行き方

　飛行機で行く場合は、鹿児島出発便は1日1便、約1時間35分。沖縄・那覇出発便は1日1便、約40分。船で行く場合は、与論までは沖縄・那覇から約4時間（便により異なる）、鹿児島新港から20時間、奄美大島・名瀬から6時間50分（1日1便）。

エリアの魅力

ビーチ
★★★★★
アクティビティ
★★★
グルメ
★★★

面積 20.47km²
周囲 23.7km
人口 5298人

観光の問い合わせ

与論町商工観光課
☎0997-97-4902
ヨロン島観光協会
☎0997-97-5151

見る　歩く

サザンクロスセンター
　与論城跡に立つ資料館。与論の名所や歴史、文化の資料を展示。5階は展望台。空港から🚗10分。
☎0997-97-3396
🕘9:00～18:00
休無休　¥400円
Pあり

与論民俗村
　与論の昔の生活様式を再現。黒糖作りや芭蕉布織り（2500円～）の体験も。空港から🚌17分。
☎0997-97-2934
🕘9:00～18:00
休無休　¥500円
Pあり

百合ヶ浜
　大金久海岸で干潮時に出現する神秘の砂浜。海岸からグラスボートで約1時間（往復3000円～）。空港から🚗22分。

与論島
1:96,000
0　　　　1.5km

N

島で過ごすヒント

与論島に町は 1 つ、与論町のみ。与論空港と与論港は近く、島の中心地・茶花（ちゃばな）までは車で約 7 分。島は車で一周約 40 分、高低差も少ないので、バイクや自転車でも回れる。島内の南部を回っているときは、サザンクロスセンターの白いタワーを目印に動くといい。

●バスでまわる

バスは茶花バスターミナルを起点に、周回バスが 1 時間に 1 便、北回りと南回りを交互に運行している。通常は 1 日に 8 便。運賃は距離に関係なく同一で 200 円。茶花から百合ヶ浜入口までは南回りで約 25 分、北回りで約 20 分。

●島の風習、与論献奉（よろんけんぽう）

与論島の焼酎『島有泉』を大きな盃に注ぎ、飲み干すと次の人に回して順々に飲み干していく与論献奉。島人とのふれあいは楽しいが、飲み過ぎに注意！

交通の問い合わせ

🚌 バス
南陸運バス
☎0997-97-3331
🚗 タクシー
南タクシー
📞0997-97-3331
大洋タクシー
📞0997-97-2161
🚙 レンタカー
南国レンタカー
📞0997-97-2141
ヨロンレンタカー
📞0997-97-3633
コロレンタカー
📞0997-97-2533

与論島

買う　食べる

茶花／ライブハウス

らいぶCafeかりゆし
らいぶカフェかりゆし

地図p.116
空港から🚗 8 分

与論島の人気バンド "かりゆし BAND" のライブハウス。ライブチャージは 700 円。

📞 0997-97-4432
🕐 19:00〜23:00
🈺 月曜　🅿 あり

茶花／洋食＆カフェ

Café Coco
カフェ ココ

地図p.116
空港から🚗7分

ゆったりとした空間の店内でカフェや洋食、スイーツが楽しめる。日替わりの副菜とスープ付く Coco プレート（ランチ限定／1000 円）、バナナキャラメルフラッペ（600 円）が人気。

📞 0997-97-3835
🕐 11:00〜15:00
🈺 不定休　🅿 あり

古里／焼物

ゆんぬあーどぅる焼窯元
ゆんぬあーどぅるやきかまもと

地図p.116
空港から🚗15分

与論の赤土に、釉薬にサトウキビやサンゴ、ソテツなど島の恵みを用いて作る。湯のみは 1100 円ぐらいから。焼物体験は 2200 円プラス送料。

📞 0997-97-5155
🕐 9:30〜16:00
🈺 水曜（8〜9 月無休）

STAY

宿泊ガイド

茶花	ヨロン島ビレッジ	📞0997-97-4601／📍地図:p.116／空港から🚗12分／💴1 泊 2 食付 1 万 1000 円〜／●全室オーシャンビュー。レストラン「たら」も併設。23 室。
古里	ペンションパラダイス 楽園荘	📞0997-97-3574／📍地図:p.116／空港から🚗17分／💴1 泊 2 食付 7700 円〜／●アットホームな雰囲気の宿。のんびりと過ごしたい。14 室。

奄美黒糖焼酎に酔いしれる！

黒糖を原料とする焼酎は、ここ奄美群島でしか製造が認められていない、まさに専売特許のお酒。その魅力にどっぷりと酔いしれよう。

長寿の島に息づく奄美黒糖焼酎

　洋酒に近い味わいが独特な奄美黒糖焼酎は、元々タイから沖縄に伝えられた焼酎が、その後奄美群島に伝来した際に改良を加えて開発されたと言われている。

　黒糖を使うため、本来ラム酒と原理は一緒なのだが、奄美が日本復帰した際に酒税法上、副材料に米麹を使うことが義務づけられた。それが今の濃厚な味を生み出す秘訣にもなっている。

「黒糖」とはいうものの、蒸留している焼酎なので糖分はゼロで、カロリーもウィスキー以下。黒糖はビタミンやミネラルも含まれており、奄美の長寿の秘訣としても注目されている健康酒なのだ。

TEKU TEKU COLUMN

カクテルでもいける？
おいしい焼酎の飲み方

　ストレートやお湯・水割りで飲むのもいいが、グレープフルーツやジンジャーなどで、カクテルでも楽しめる。島の郷土料理に合わせてアレンジしてみよう。

POINT

奄美黒糖焼酎ができるまで

①洗米・蒸米／製麹（せいぎく）

　米を洗い、水分を切って蒸し、冷却する。そこに麹菌をまき、自動製麹機により35〜37度の適温で約40時間保ち、麹を熟成させる。

②一次仕込み

　タンクの中で熟成させた麹と水、酵母を仕込み、約5日ほど発酵させる。これによりもろみが造られる。

③黒糖の溶解・混入

　島のサトウキビから作った黒糖（写真左）を蒸気で溶解し、糖液にする。

奄美群島の奄美黒糖焼酎

奄美群島では黒糖焼酎の製造が盛んに行われている。奄美黒糖焼酎は5つの島のみで製造が許されており、仕込み方法や飲み方などにそれぞれ特色がある。

奄美大島

全国的にも名高い「里の曙」や「れんと」(p.120)のほかにも「じょうご」(奄美大島酒造)や天孫岳(西平本家)などバラエティ豊か。奄美黒糖焼酎に島の果実を加えたリキュールもある。

喜界島

隆起サンゴの島・喜界島では、この島ならではの工夫がされている。「朝日」(朝日酒造)は、サンゴから湧き出る地下水を仕込みに使ったさわやかな風味が特徴。

徳之島

長寿の人が多いことで有名な徳之島では、故・泉重千代さんも毎晩焼酎で晩酌をしていたという。「奄美」(奄美酒類株式会社)や「島のナポレオン」(奄美大島にしかわ酒造)がある。

沖永良部島

島内には鍾乳洞も多く、豊富な地下水を有する沖永良部島。「花恋慕」「けなとり」(共に沖永良部酒造)など、花を冠した美しいネーミングの焼酎が多い。島内の共同瓶詰め工場では、見学試飲や販売も行っている。

与論島

奄美群島の最南端である与論島。この島では唯一の奄美黒糖焼酎「島有泉」(有村酒造)が造られている。この酒を大きな盃に注がれた焼酎を、ひたすら続く口上を述べながらまわし飲む「与論献奉」で楽しむのが流儀だ。

④二次仕込み

一次仕込みでできたもろみに溶解した黒糖を混入したら、よく混ぜ合わせる。そこからさらに約2週間ほどもろみを発酵させる。

⑤蒸留・貯蔵

黒糖を加えて熟成したもろみを、蒸留機に入れて蒸留し、原酒を造る。その後、タンクや樽に移されて長期間にわたって貯蔵される。

⑥製品完成!

綿密な工程を経た後、瓶詰めされていけば遂に奄美黒糖焼酎の完成だ!
問い合わせは奄美大島酒造
☎ 0997-62-3120

蔵元を巡り、珠玉の逸品を探そう！

奄美黒糖焼酎MAP

奄美黒糖焼酎の製造方法がわかったら、
今度は蔵元を訪れて、自分の目と舌で体感してみよう。
ここでは焼酎の製造過程が見学できる主な蔵元を紹介。

●奄美大島酒造
♪ 0997-62-3120
『じょうご』や『高倉』など。詳細はP.118〜119。
地図 p.75-D

●町田酒造
♪ 0997-62-5011
ここで製造される『里の曙』は、奄美島民のスタンダードな一本。
地図 p.75-C

●朝日酒造
♪ 0997-65-1531
手間暇かけて栽培したサトウキビから作られた『朝日』は、島の内外にもファンの多い逸品だ。
地図 p.110

●西平本家
♪ 0997-52-0059
ソムリエの田崎真也氏も愛飲していることで有名な『氣』や、ほのかな香りとライトな口当たりの『八千代』などを製造。
地図 p.75-C

奄美大島

喜界島

●奄美大島
にしかわ酒造
♪ 0997-82-1650
島の自然が育んだサトウキビを天然の湧水で仕込んだ「島のナポレオン」は、スッキリとした飲み口が特徴。地図 p.112

●喜界島酒造
♪ 0997-65-0251
甘い香りと爽やかな喉越しの『喜界島』、深いコクと香りの『しまっちゅ伝蔵』が有名。
地図 p.110

徳之島

●沖永良部酒造
♪ 0997-92-0185
シェリー樽とタンクで長期熟成＆ブレンドした『まあさん』は、島内限定販売。地図 p.114

●原田酒造
♪ 0997-93-2128
5年以上も熟成させた『昇龍』は、まろやかで芳醇な味わい。地図 p.114

沖永良部島

●奄美大島開運酒造
♪ 0997-52-0167
マイルドで女性にも飲みやすい『れんと』や、ウイスキーにも似た風味の『紅さんご』が人気。
地図 p.74-F

与論島

●有村酒造
♪ 0997-97-2302
サッパリとした喉ごしの『島有泉』は、“与論献奉”には欠かせない。時期限定で黒麹のバージョンも販売。地図 p.116

沖縄本島

※蔵元を訪れる際は事前に電話連絡して、
見学の曜日や時間をご確認ください。

鹿児島

鹿児島

エリアの魅力

観光ポイント
★★★
海の眺め
★★★
グルメ
★★★

問い合わせ先

鹿児島市観光交流局
観光振興課
☎099-216-1327
鹿児島中央駅
総合観光案内所
☎099-253-2500
市電・市営バス
カゴシマシティビュー
☎099-257-2117
鹿児島交通
☎099-247-2333
☎099-247-2334
南国交通
☎099-255-2141
🚗レンタカー
鹿児島中央駅レンタカー
営業所
☎099-251-0050
トヨタレンタリース
鹿児島
☎099-268-0100

雄大な桜島を囲む歴史ある街

対岸にそびえる桜島の雄姿から"東洋のナポリ"といわれ、印象的な景観をもつ鹿児島。明治維新の英傑を多く輩出し、歴史の跡を色濃く残す。

HINT

鹿児島への行き方＆まわり方のヒント

各地から鹿児島まではp.14〜15を参照。

▶バス・市電を乗りこなす

鹿児島市内の繁華街は天文館（てんもんかん）。駅は鹿児島中央駅がキーステーションとなり、バスもたくさん経由する。バスは路線も本数も多いので、行き先を必ず確認してから乗ること。運賃は190円〜。

市電は、鹿児島駅前〜谷山と、鹿児島駅前〜郡元（こおりもと）を走る。全線均一170円。谷山行きは鹿児島中央駅を通らないので注意。

▶港へのアクセス（→詳細はP.16）

鹿児島本港北埠頭へは鹿児島中央駅からドルフィン号（南国交通）で約10分、水族館前下車すぐ。1日4便（日曜・祝日は運休）。

高速船ターミナルへは鹿児島中央駅から南埠頭シャトルバス（水族館前行き）で12分。7時〜19時台の間、1日9便運行。

鹿児島新港へは、鹿児島中央駅・東5番乗り場（16：30発）からシャトルバス・鹿児島新港ポートライナー（鹿児島交通）で約20分（天文館経由）。タクシーを利用するなら鹿児島中央駅から約10分。

鹿児島空港から市内へのアクセス

鹿児島空港から鹿児島市内まで空港リムジンバスで約1時間、1300円（約10分毎に運行）。

空港から鹿児島中央駅行きの特急バスは市街地で金生町、天文館、鹿児島中央駅前の順に停車。鹿児島本港北埠頭・南埠頭へは♀金生町から🚢15分。

維新ふるさと館

いしんふるさとかん

地図 p.123
JR鹿児島中央駅から🚶5分

　明治維新の原動力となった薩摩の歴史や文化を各コーナーごとにわかりやすく紹介。エントランスにある日本初の洋式帆船軍艦「昇平丸」（模型）を目にすると、激動する幕末の世界へ心が誘われる。

　地下1階の維新体感ホール（写真）では、幕末から明治維新、西南戦争までの近代日本の夜明けを紹介する「維新への道」と薩摩藩英国留学生を描いた「薩摩スチューデント、西へ」を上演（1日13回）。西郷隆盛など等身大ロボットが登場し、臨場感あふれるドラマを展開する。他、篤姫コーナーや郷中教育コーナーも。

　維新ふるさと館のある甲突川沿いの下加治屋町は、西郷隆盛や大久保利通らを輩出した場所でもある。

📞 099-239-7700
🕐 9:00〜17:00
❌ 無休
💴 入館料300円　Ｐあり

鹿児島県歴史・美術センター黎明館

かごしまけんれきしびじゅつセンターれいめいかん

地図 p.123
■市役所前電停から🚶5分

　鹿児島（鶴丸）城跡に建つ総合博物館。鹿児島の歴史、民俗、工芸などに関する展示が充実。幕末維新の黎明期の資料も多い。

📞 099-222-5100　🕐 9:00〜18:00
❌ 月曜、毎月25日（土・日曜・祝日の場合を除く）
💴 入館料400円　Ｐあり

TEKU TEKU COLUMN

各観光スポットを回るバス
カゴシマシティビュー

　8:30〜17:20の間ほぼ30分おきに運行。鹿児島中央駅前から維新ふるさと館、城山、仙巌園、天文館などを周遊。運賃は1回190円。一日乗車券は600円。土曜夜は夜景コースも運行。

仙巌園（磯庭園）

せんがんえん　　いそていえん

地図p.123　🚌カゴシマシティビュー♀仙巌園からすぐ

島津家19代当主・島津光久が1658年に鶴丸城の別邸として造った庭園。桜島と錦江湾を借景にした景観は素晴らしい。また、日本初のガス灯といわれる鶴灯籠、琉球国王が献上したという望嶽楼などもある。

📞 099-247-1551　🕘 9:00〜17:00
🈺 無休　💴 1000円（尚古集成館と共通）　🅿 あり

いおワールドかごしま水族館

いおワールドかごしますいぞくかん

地図p.123
🚌カゴシマシティビュー♀水族館前からすぐ

鹿児島県を代表する観覧施設。県海域の水棲生物から、南西諸島のサンゴや熱帯魚までが観賞できる。水量1500tの黒潮大水槽には、マグロなどの大型魚や、体長10mを超すジンベエザメが回遊する。イルカやラッコのショータイムも楽しい。

📞 099-226-2233
🕘 9:30〜18:00（入館17:00まで）
🈺 12月第1月曜から4日間　💴 1500円
🅿 近くの県営駐車場を利用

TEKU TEKU COLUMN

鹿児島のシンボル・桜島

さくらじま

有史以来30回以上の大爆発を繰り返し、今も噴煙を上げ続ける桜島。特産の桜島大根でも有名。

桜島港近くの「桜島ビジターセンター」（9:00〜17:00　無休　📞099-293-2443）では、噴火の様子や地形の変化、溶岩原に森ができていく植物の遷移がわかる。また、近くの桜島溶岩なぎさ公園には全長約100mという国内でも最大級の足湯があり、桜島を望みながら、のんびりと足元から温めることができる。

島の東側には、高さ3mの鳥居が噴火により上部1mだけ姿を現した状態の埋没鳥居がある。

📞 099-293-2525（鹿児島市船舶局）
♀ 水族館前から♀1分、桜島桟橋から桜島フェリーで15分（160円）
※24時間（1時間に1〜4便）運航

買う　食べる

ラーメン

ラーメン専門こむらさき　アミュプラザ店

ラーメンせんもんこむらさき アミュプラザてん

地図p.123
鹿児島中央駅から🚶2分

昭和25年創業。かん水・卵不使用の細麺に、豚骨や鳥、椎茸を煮込んだ塩味のスープが絡む。具材のキャベツは

先代が栄養不足を補うべく考案。鹿児島黒豚チャーシュー入りラーメン980円。

📞 099-812-7058
🕘 11:00〜20:00(19:30OS)
🈺 無休　🅿 あり

黒豚料理

黒豚料理 あぢもり

くろぶたりょうり あぢもり

地図p.123
天文館通電停から🚶5分

さつま黒豚のおいしさを引き出す「黒しゃぶ」元祖の店。

特選黒豚しゃぶ肉に手延細うどんなどが付く黒しゃぶランチ3300円（税込・サービス料別）が人気。昼は黒豚ロースかつランチセット1000円もある。夜は黒しゃぶのコースのみ。

📞 099-224-7634　🕘 11:30〜14:30、17:30〜21:30
🈺 水曜（他不定休あり）　🅿 なし

甘味	さつま揚げ	食品・雑貨

天文館むじゃき 本店
てんもんかんむじゃき ほんてん

さつま揚げ　薩摩家
さつまあげ　さつまや

鹿児島ブランドショップ
かごしまブランドショップ

地図 p.123
天文館通電停から🚶3分

地図 p.123
いづろ通電停から🚶2分

地図 p.123
朝日通電停から🚶3分

ふんわりと薄く削った氷にチェリーやレーズン、プラム、季節の果物、寒天や白豆をトッピングして、さらに自家製秘伝のミルクとみつをたっぷりかけた「白熊」(740円)の元祖。

🎵 099-222-6904
🕐 11:00〜19:00
🏠 無料
🅿 なし

厳選した良質なすり身を使用し、中に入れる具材によってすり身の種類を変え定番の棒天、ニラ天、変わり種のたこ焼天など種類も豊富。おすすめは約6種類のさつま揚げ詰合せ「櫻島味甘め」と「錦江味甘さ控えめ」(ともに1080円)。

🎵 0120-13-3208
🕐 10:00〜19:30
🏠 不定　🅿 なし

鹿児島の工芸品や特産品を展示・販売しているショップ。職人による精巧な技術で美しさを生み出す、薩摩切子の猪口（ちょこ）や、薩摩焼の黒酒器、薩摩錫器などをおみやげにいかが。

🎵 099-225-6120
🕐 10:00〜18:00
🏠 無休(年末年始除く)
🅿 あり

宿泊ガイド

城山ホテル鹿児島	🎵099-224-2211／📍地図:p.123／💴Ⓢ1万8700円〜／🅿あり ●城山の頂上にあり桜島を一望できるロケーション。365室。
かごしまプラザホテル天文館	🎵099-222-3344／📍地図:p.123／💴Ⓢ5300円〜／🅿あり ●毎朝ホテルで焼き上げるパンの朝食が好評。220室。
鹿児島ワシントンホテルプラザ	🎵099-225-6111／📍地図:p.123／💴Ⓢ6520円〜／🅿あり(有料) ●空港からのリムジンバス天文館バス停から近く便利。234室。
ホテルセントコスモ	🎵099-224-3211／📍地図:p.123／💴Ⓢ4900円〜／Ⓣ1万円〜／🅿あり(有料)　●全室セミダブルベッドのゆとりある客室のホテル。196室。
アクアガーデンホテル福丸	🎵099-226-3211／📍地図:p.123／💴和室4700円〜Ⓢ6000円〜／🅿あり(有料)　●桜島・錦江湾が眼前に広がるベイサイドホテル。33室。
ホテル・レクストン鹿児島	🎵099-222-0505／📍地図:p.123／💴Ⓢ5900円〜Ⓣ1万円〜／🅿あり ●豪華な朝食バイキングも楽しめるハイグレードホテル。155室。
ホテルアービック鹿児島	🎵099-214-3588／📍地図:p.123／💴Ⓢ5500円〜／Ⓣ1万2600円〜／🅿あり(有料)　●JR鹿児島中央駅徒歩1分というアクセスが最大の魅力。238室。
グッドイン鹿児島	🎵099-285-1515／📍地図:p.123／💴Ⓢ4600円〜／🅿なし ●1Fに24時間営業のファミレスがある便利なホテル。101室。
ホテルメイト	🎵099-226-6100／📍地図:p.123／💴Ⓢ4200円〜／🅿あり ●繁華街・天文館に近く便利でリーズナブルなビジネスホテル。101室。

さくいん

─────── あ ───────
- ・畦(あぜ)プリンスビーチ[徳之島] ····· 112
- ・奄美大島 ······························· 74
- ・奄美大島開運酒造[奄美大島] ··········· 92
- ・奄美海洋展示館[奄美大島] ··········· 86
- ・奄美観光ハブセンター[奄美大島] ······ 85
- ・奄美市立奄美博物館[奄美大島] ········· 85
- ・奄美市歴史民俗資料館[奄美大島] ······· 80
- ・奄美パーク[奄美大島] ················· 81
- ・奄美フォレストポリス[奄美大島] ······· 93
- ・あやまる岬[奄美大島] ················· 80
- ・安脚場戦跡公園(あんきゃばせんせきこうえん)[加計呂麻島] ·· 108
- ・いおワールドかごしま水族館[鹿児島] ·· 124
- ・維新ふるさと館[鹿児島] ·············· 123
- ・いなか浜[屋久島] ····················· 41
- ・犬田布岬(いぬたぶみさき)[徳之島] ·· 112
- ・犬の門蓋(いんのじょうふた)[徳之島] ·· 112
- ・ウィルソン株[屋久島] ················· 59
- ・請島(うけしま) ····················· 109
- ・大川の滝(おおこのたき)[屋久島] ····· 47
- ・大島海峡[奄美大島] ················ 94、99
- ・大島紬村[奄美大島] ··················· 82
- ・大浜海浜公園[奄美大島] ··············· 86
- ・おがみ山公園[奄美大島] ··············· 85
- ・沖永良部島(おきのえらぶじま) ········· 114
- ・尾之間温泉[屋久島] ··················· 48

─────── か ───────
- ・加計呂麻島(かけろまじま) ············· 107
- ・鹿児島 ······························· 122
- ・鹿児島県歴史・美術センター黎明館[鹿児島] ·· 123
- ・笠利崎(かさりざき)[奄美大島] ········· 80
- ・環境省奄美野生生物保護センター[奄美大島] ·· 93
- ・喜界島(きかいじま) ················· 110
- ・紀元杉(きげんすぎ)[屋久島] ··········· 57
- ・金作原原生林(きんさくばるげんせいりん)[奄美大島] ·· 98
- ・愚角庵(ぐかくあん)[屋久島] ··········· 40

- ・楠川温泉(くすかわおんせん)[屋久島] ·· 41
- ・国直(くになお)海岸[奄美大島] ········· 92
- ・黒潮の森　マングローブパーク[奄美大島] ·· 92、99
- ・ケンムン村／KOYA[奄美大島] ········· 82

─────── さ ───────
- ・桜島[鹿児島] ························ 124
- ・サザンクロスセンター[与論島] ········· 116
- ・実久三次郎神社(さねくさじろうじんじゃ)[加計呂麻島] ·· 108
- ・サンゴの石垣[喜界島] ················· 110
- ・志戸子(しとご)ガジュマル公園[屋久島] ·· 40
- ・島尾敏雄文学碑(しまおとしおぶんがくひ)[加計呂麻島] ·· 108
- ・縄文杉[屋久島] ······················· 58
- ・昇竜洞(しょうりゅうどう)[沖永良部島] ·· 114
- ・諸鈍(しょどん)デイゴ並木[加計呂麻島] ·· 108
- ・白谷雲水峡[屋久島] ··················· 44
- ・スギラビーチ[喜界島] ················· 110
- ・スリ浜[加計呂麻島] ··················· 108
- ・瀬戸内町立図書館・郷土館[奄美大島] ··· 94
- ・仙巌園(磯庭園)[鹿児島] ·············· 124
- ・千尋の滝(せんぴろのたき)[屋久島] ····· 46
- ・僧・俊寛の墓(そう・しゅんかんのはか)[喜界島] ·· 110

─────── た ───────
- ・大王杉[屋久島] ······················· 60
- ・田中一村記念美術館[奄美大島] ········· 81
- ・田中一村終焉の家[奄美大島] ··········· 86
- ・田皆岬(たみなみさき)[沖永良部島] ·· 114
- ・タラソ奄美の竜宮[奄美大島] ··········· 86
- ・闘牛[徳之島] ························· 112
- ・徳之島(とくのしま) ················· 112
- ・徳之島フルーツガーデン[徳之島] ······· 112
- ・トローキの滝[屋久島] ················· 47

─────── な ───────
- ・中間ガジュマル[屋久島] ··············· 47
- ・名瀬(なぜ)[奄美大島] ················· 85
- ・南洲流謫跡[奄美大島] ················· 82
- ・日本一のガジュマル[沖永良部島] ····· 114

─────── は ───────
- ・原ハブ屋奄美[奄美大島] ··············· 82
- ・百之台公園(ひゃくのだいこうえん)[喜界島] ·· 110

・平内海中温泉［屋久島］……………… 48
・フーチャ［沖永良部島］…………… 114
・ホノホシ海岸［奄美大島］…………… 94
・群倉（ぼれぐら）［奄美大島］……… 93
・本場奄美大島紬泥染公園［奄美大島］…86

──────ま──────

・マテリヤの滝［奄美大島］…………… 93
・宮之浦岳（みやのうらだけ）［屋久島］…72
・ムチャ加那公園（むちゃかなこうえん）［喜界島］…110
・夫婦杉［屋久島］……………………… 60

──────や──────

・屋久島……………………………………… 30
・屋久島うみがめ館［屋久島］………… 41
・屋久島環境文化村センター［屋久島］…40
・屋久島世界遺産センター［屋久島］…… 46
・屋久島総合自然公園［屋久島］……… 41
・屋久島町歴史民俗資料館［屋久島］… 40
・屋久島灯台［屋久島］………………… 41
・屋久島フルーツガーデン［屋久島］… 47
・屋久杉自然館［屋久島］……………… 46
・ヤクスギランド［屋久島］…………… 56
・弥生杉（やよいすぎ）［屋久島］…… 44
・ユイの館［徳之島］…………………… 112
・湯泊温泉（ゆどまりおんせん）［屋久島］…48
・百合ヶ浜（ゆりがはま）［与論島］……… 116
・横河渓谷（よっごけいこく）［屋久島］…40
・与路島（よろしま）…………………… 109
・与論島（よろんじま）………………… 116
・与論民俗村［与論島］………………… 116

──────わ──────

・和泊町歴史民俗資料館［沖永良部島］…114

テーマ別さくいん
──────ビーチ──────
・畦（あぜ）プリンスビーチ［徳之島］…… 112
・いなか浜［屋久島］…………………… 41
・スギラビーチ［喜界島］……………… 110
・スリ浜［加計呂麻島］………………… 108
・ホノホシ海岸［奄美大島］…………… 94

・百合ヶ浜（ゆりがはま）［与論島］……… 116

──────自然景勝地──────
・あやまる岬［奄美大島］……………… 80
・犬田布岬（いぬたぶみさき）［徳之島］…112
・犬の門蓋（いんのじょうふた）［徳之島］…112
・ウィルソン株［屋久島］……………… 59
・大川の滝（おおこのたき）［屋久島］…… 47
・大島海峡［奄美大島］……………… 94、99
・笠利崎（かさりざき）［奄美大島］…… 80
・紀元杉（きげんすぎ）［屋久島］…… 57
・金作原原生林（きんさくばるげんせいりん）［奄美大島］…98
・縄文杉（じょうもんすぎ）［屋久島］…… 58
・昇竜洞（しょうりゅうどう）［沖永良部島］…114
・白谷雲水峡［屋久島］………………… 44
・千尋の滝（せんぴろのたき）［屋久島］…46
・大王杉［屋久島］……………………… 60
・田皆岬（たみなみさき）［沖永良部島］…114
・トローキの滝［屋久島］……………… 47
・フーナャ［沖永良部島］…………… 114
・夫婦杉［屋久島］……………………… 60
・ヤクスギランド［屋久島］…………… 56
・弥生杉（やよいすぎ）［屋久島］…… 44
・横河渓谷（よっごけいこく）［屋久島］…40

──────美術館・博物館──────
・奄美海洋展示館［奄美大島］………… 86
・奄美市立奄美博物館［奄美大島］…… 85
・奄美市歴史民俗資料館［奄美大島］… 80
・奄美パーク［奄美大島］……………… 81
・いおワールドかごしま水族館［鹿児島］…124
・維新ふるさと館［鹿児島］…………… 123
・鹿児島県歴史資料センター黎明館［鹿児島］…123
・サザンクロスセンター［与論島］…… 116
・瀬戸内町立図書館・郷土館［奄美大島］…94
・田中一村記念美術館［奄美大島］…… 81
・屋久島うみがめ館［屋久島］………… 41
・屋久杉自然館［屋久島］……………… 46
・屋久島町歴史民俗資料館［屋久島］… 40
・ユイの館［徳之島］…………………… 112
・和泊町歴史民俗資料館［沖永良部島］…114

さくいん

制作スタッフ

取材・執筆・写真	安藤"アン"誠起
編集協力	守谷ひろみ　松尾圭介
写真協力	仲島秀男 屋久島町役場
カバーデザイン	寄藤文平＋鈴木千佳子（文平銀座）
イラスト （カバー＋てくちゃん）	鈴木千佳子
本文デザイン設計	浜名信次（BEACH）
本文イラスト	濱田絵里子（p.26-27、p.39）
地図制作	株式会社千秋社 株式会社ジェオ オゾングラフィックス 岡本倫幸
Special Thanks to	屋久島町役場　屋久島観光協会 奄美群島観光連盟　奄美市役所 鹿児島市役所 西篠和久　もいみー＆じぇし

ブルーガイド てくてく歩き 27
屋久島・奄美

2021年5月25日　第8版第1刷発行
2022年9月9日　第8版第2刷発行

編　集	ブルーガイド編集部
発行者	岩野裕一
印刷・製本	大日本印刷株式会社
DTP	株式会社千秋社
発行所	株式会社実業之日本社 〒107-0062 東京都港区南青山5-4-30 emergence aoyama complex 3F
電話	編集・広告 03-6809-0452 販売 03-6809-0495 https://www.j-n.co.jp/